Franz Kafka

Der Proceß

von Thomas Pittrof

Schroedel Interpretationen Band 4

Druck A 1 / Jahr 2010

Redaktion: Dr. Hans-Georg Schede
Reihentypografie: Thomas Schröder, Braunschweig
Satz: Ira Petersohn, Ellerbek
Repro: westermann druck GmbH, Braunschweig
Druck: pva, Druck und Medien-Dienstleistungen GmbH, Landau
Titelbild: Szenenbild mit Ensemble aus Andreas Kriegenburgs Inszenierung von Franz Kafkas Roman »Der Proceß« an den Münchner Kammerspielen aus dem Jahre 2008. Foto: © Arno Declair, Hamburg

ISBN 978-3-507-47703-2

Einführung

»Jemand mußte Josef K. verleumdet haben, denn ohne daß er etwas Böses getan hätte, wurde er eines Morgens verhaftet.« So beginnt Kafkas *Proceß*. Er steht im Ruf, einer der rätselhaftesten Romane der Weltliteratur zu sein. Ein Unbekannter hat einen Schuldvorwurf erhoben, der niemals konkretisiert wird; ein Gericht, das in Dachkammern und Holzverschlägen haust, leitet die Untersuchung ein. Ohne dass ihm ein Urteilsspruch verkündet worden wäre, wird Josef K. am Vorabend seines 31. Geburtstags zur Hinrichtung abgeholt. Zwei Schergen vollziehen sie in einem Steinbruch vor den Toren der Stadt. Wie ein Stück Vieh schlachten sie K. ab. – Anonymität, Dunkelheit, Ausweglosigkeit, Angst: Dieses Buch scheint wie ein Labyrinth konstruiert zu sein, aus dem auch der Leser nicht mehr herausfindet. Soll er es überhaupt?

Kafka hat zeitweise durchaus an solche Auswege aus dem Labyrinth, an Wege ins Freie geglaubt. »Es ist sehr gut denkbar«, schreibt er am 18. Oktober 1921 in sein Tagebuch, »daß die Herrlichkeit des Lebens um jeden und immer in ihrer ganzen Fülle bereit liegt, aber verhängt, in der Tiefe, unsichtbar, sehr weit. Aber sie liegt dort, nicht feindselig, nicht widerwillig, nicht taub. Ruft man sie mit dem richtigen Wort, beim richtigen Namen, dann kommt sie. Das ist das Wesen der Zauberei, die nicht schafft, sondern ruft.«

Im *Proceß*-Roman jedoch hat solche Zauberei keinen Platz. K.s Geschichte ist vielmehr, so wird sie im Folgenden gelesen, die eines Menschen, der in eine tiefe Lebenskrise gerät und bis zum Schluss der Handlung nicht mehr aus ihr herausfindet. Er weiß zwar, dass es so, wie er bisher gelebt hat, mit ihm nicht mehr weitergehen kann. Er findet aber nicht die Entschlusskraft, sein Leben auch tatsächlich zu ändern. So wird seiner zögerlichen Suche, die eher einem Sichwinden gleicht, ein Ende gesetzt, ohne dass er einen Ausweg gefunden hätte. Diese Grundstruktur einer ausweglos bleibenden Suche auf verständliche Weise vor Augen zu führen, ist das Ziel der folgenden Einführung in den Roman.

Das erste Kapitel informiert über Kafkas Leben und Schreiben, die Entstehungsgeschichte des *Proceß*-Romans sowie die zeitgeschichtlichen Hintergründe und Einflüsse. Das zweite Kapitel enthält eine genaue Inhaltsangabe der insgesamt zehn abgeschlossenen und knappe Zusammenfassungen der Fragment gebliebenen Kapitel.

Im umfangreichen dritten Kapitel erfolgt die eigentliche Analyse. An die Erläuterung der inneren Anlage des Werks (»Form«) und seiner Erzählweise schließt sich die Charakterisierung wichtiger Handlungsträger (»Figuren«) an. Bei der Interpretation wird zunächst das Ganze des Romanfragments in den Blick genommen (»Gehalt«), bevor im vierten Kapitel anhand konkreter Fragestellungen einzelne Textabschnitte und Aspekte des Werks genauer betrachtet werden (»Exemplarische Interpretationen«).

Anschließend werden die Ergebnisse der Analyse in einen größeren, epochengeschichtlichen Zusammenhang gestellt (»Literaturgeschichtliche Einordnung«). Das letzte Kapitel enthält Informationen zur Wirkungsgeschichte (»Rezeption«) des Romans.

Alle Zitate in diesem Band werden mit Kürzeln nachgewiesen, die in der Auswahlbibliographie am Ende des Bands aufgelöst sind. Aus dem *Proceß*-Roman selbst wird nach dem Text der im Schroedel Verlag erschienenen Ausgabe (vgl. das Literaturverzeichnis) zitiert.

I Biographische und zeitgeschichtliche Einflüsse

1 Biographischer Zusammenhang

Kafkas Leben und sein Schreiben hängen unlösbar miteinander zusammen. Als Kafka im August 1914 den *Proceß*-Roman begann, hatte er sich soeben von seiner Verlobten Felice Bauer getrennt. Wie sehr ihn dieser Schritt beim Schreiben des Romans beschäftigte, zeigen einige Textdetails. Den Entschluss zur Reise nach Berlin, wo Felice Bauer lebte, traf Kafka am Vorabend seines 31. Geburtstags – und am Vorabend *seines* 31. Geburtstags wird Josef K. zur Hinrichtung abgeführt. Im Manuskript des Romans verwendet Kafka anfangs Felices Initialen »F. B.«, die er dann zu »Fräulein Bürstner« erweitert. Die mit der Entlobung endende Aussprache in einem Berliner Hotel bezeichnete Kafka im Tagebuch als »Gerichtshof im Hotel« (PM, S. 281), als eine Szene, in der ihm der Prozess gemacht und er als der Angeklagte wegen seiner Schuld verurteilt wird. Mithin könnte man aus biographischer Sicht sagen: Als Schreiber des *Proceß*-Romans führt Kafka den Prozess gegen sich auf eigene Faust fort. Er verlängert ihn über die Gerichtsszene im Hotel hinaus und rollt ihn neu auf. Dabei übernimmt er zusätzlich zur Rolle des Angeklagten – Franz Kafka spiegelt sich in Josef K. – als Erzähler auch die des Prozessbeobachters, ja, denkt man an die Hinrichtung am Schluss, sogar die des Richters und Vollstreckers. In diesem imaginären Prozess besetzt Kafka alle Rollen mit seiner Person. Umgekehrt heißt das: Der *Proceß*-Roman ist eine verdeckte Selbstanalyse Kafkas.

»Leben heißt – dunkler Gestalten / Spuk bekämpfen in sich. / Dichten – Gerichtstag halten / Über sein eigenes Ich«, schrieb der norwegische Dramatiker Henrik Ibsen (1828–1906). Das Zitat beeindruckte viele Autoren der Jahrhundertwende. In besonderer Weise gilt das für Kafka. Denn um (Selbst-)Anklage und Schuldvorwurf geht es bei ihm nicht nur in seinem Verhältnis zu Felice Bauer, sondern in vielen seiner Aufzeichnungen; für ihn ist das ein Lebensthema gewesen. Einmal notiert er, was ihm in seinem Leben alles misslungen zu sein scheint: »Familienleben, Freundschaft, Ehe, Beruf, Litteratur« (GW 6, S. 215). Eigentlich alles Entscheidende, denkt er sich, hast du versäumt oder falsch gemacht. Bestimmt liegt das auch an anderen: den Eltern, dem Vater vor allem, der Erziehung, den Zeitumständen. Aber es liegt vor allem an dir selbst. Dir fehlt es an Willensstärke, an Aufrichtigkeit gegenüber dir selbst und wirklichem Interesse an anderen Menschen, an Herzenswärme, Fröhlichkeit und Spontaneität. Sogar an echter künstlerischer Begabung fehlt es dir. Alles, was du getan hast, hast du immer nur halb getan. Nie hast du im Wahren gelebt. Kafka klagt sich an – und fällt das Urteil: Schuldig. Du bist schuld. Ich bin schuld.

August 1914: da wohnte Franz Kafka, Angestellter eines Versicherungsunternehmens, ledig, bei seinen Eltern in der Prager Altstadt. Sein Vater Hermann Kafka (1852–1931), Sohn eines Fleischhauers und Schächters, hatte als Wanderhändler in der Provinz begonnen, ließ sich 1881 in Prag nieder, heiratete dort 1882 die aus einer Brauereifamilie stammende Julie Löwy und erarbeitete der Familie in den folgenden Jahren als Kaufmann mit einem eigenen Textilgeschäft einen gewissen Wohlstand – ein Aufsteiger also, den Kafka so bewunderte wie fürchtete. Er hat später einen langen, jedoch nie abgeschickten »Brief an den Vater« geschrieben, in dem er das Verhältnis aus seiner Sicht – der des ›kleinen‹ auf den ›großen‹ Kafka – genau analysiert. Da heißt es:

Vergleiche uns beide: ich, um es sehr abgekürzt auszudrücken, ein Löwy mit einem gewissen Kafka'schen Fond, der aber eben nicht durch den Kafka'schen Lebens-, Geschäfts-, Eroberungswillen in Bewegung gesetzt wird, sondern durch einen Löwy'schen Stachel, der geheimer, scheuer, in anderer Richtung wirkt und oft überhaupt aussetzt. Du dagegen ein wirklicher Kafka an Stärke, Gesundheit, Appetit, Stimmkraft, Redebegabung, Selbstzufriedenheit, Weltüberlegenheit, Ausdauer, Geistesgegenwart, Menschenkenntnis, einer gewissen Großzügigkeit, natürlich auch mit allen zu diesen Vorzügen gehörigen Fehlern und Schwächen, in welche Dich Dein Temperament und manchmal Dein Jähzorn hineinhetzen. [...]
Jedenfalls waren wir so verschieden und in dieser Verschiedenheit einander so gefährlich, daß, wenn man es hätte etwa im voraus ausrechnen wollen, wie ich, das langsam sich entwickelnde Kind, und Du, der fertige Mann, sich zu einander verhalten werden, man hätte annehmen können, daß Du mich einfach niederstampfen wirst, daß nichts von mir übrigbleibt. Das ist nun nicht geschehn, das Lebendige läßt sich nicht ausrechnen, aber vielleicht ist Ärgeres geschehn. Wobei ich Dich aber immerfort bitte, nicht zu vergessen, daß ich niemals im entferntesten an eine Schuld Deinerseits glaube. Du wirktest so auf mich, wie Du wirken mußtest, nur sollst Du aufhören, es für eine besondere Bosheit meinerseits zu halten, daß ich dieser Wirkung erlegen bin. [...]
Es ist auch wahr, daß Du mich kaum einmal wirklich geschlagen hast. Aber das Schreien, das Rotwerden Deines Gesichts, das eilige Losmachen der Hosenträger, ihr Bereitliegen auf der Stuhllehne war für mich fast ärger. Es ist, wie wenn einer gehenkt werden soll. Wird er wirklich gehenkt, dann ist er tot und es ist alles vorüber. Wenn er

> aber alle Vorbereitungen zum Gehenktwerden miterleben muß und erst wenn ihm die Schlinge vor dem Gesicht hängt, von seiner Begnadigung erfährt, so kann er sein Leben lang daran zu leiden haben. Überdies sammelte sich aus diesen vielen Malen, wo ich Deiner deutlich gezeigten Meinung nach Prügel verdient hätte, ihnen aber aus Deiner Gnade noch knapp entgangen war, wieder nur ein großes Schuldbewußtsein an. Von allen Seiten her kam ich in Deine Schuld. (GW 7, S. 12f. und 29)

Einige Seiten später bilanziert Kafka das Ergebnis dieser Entwicklung im Rückgriff auf ein Selbstzitat:

> Ich hatte vor Dir das Selbstvertrauen verloren, dafür ein grenzenloses Schuldbewußtsein eingetauscht. (In Erinnerung an diese Grenzenlosigkeit schrieb ich von jemandem einmal richtig: »Er fürchtet, die Scham werde ihn noch überleben.«) (GW 7, S. 41; vgl. S. 33 und 78 dieses Bands)

Das ist der Schlusssatz aus dem (dem Vater unbekannten) Manuskript des *Proceß*-Romans! – Grenzenloses Schuldbewusstsein der Romanfigur wie ihres Erfinders – aber wofür eigentlich?

Geboren wurde Franz Kafka am 3. Juli 1883 in Prag. Eine Woche später wurde er beschnitten, aber das Verhältnis der Eltern zur jüdischen Religion war eher konventionell und beschränkte sich im Wesentlichen auf den Besuch der Synagoge an den drei höchsten jüdischen Festtagen; engeren Kontakt zur religiösen Welt vor allem des Ostjudentums mit seinen Legenden, Geschichten und seinem Theater hat Kafka erst später gefunden. Von den jüngeren Geschwistern starben zwei Brüder noch im Kleinkindalter; Kafka wuchs mit den

Franz Kafka (1883 bis 1924). Porträtaufnahme aus der Zeit um 1910. Über die Photographie schrieb Kafka am 2. Dezember 1912 an Felice Bauer: »Ein verdrehtes Gesicht habe ich in Wirklichkeit nicht, den visionären Blick habe ich nur bei Blitzlicht [...].«

Schwestern Elli (1889–1941), Valli (1890–1942) und Ottla (1892 bis 1943) auf, die knapp zwei Jahrzehnte nach Kafkas eigenem Tod im Jahre 1924 zu Opfern des nationalsozialistischen Massenmords wurden.

Nach dem Besuch von Volksschule und Gymnasium in der Prager Altstadt absolvierte Kafka von 1901 bis 1906 ein Jurastudium an der Prager Universität, das er mit einem knapp »ausreichend« bestandenen Doktorexamen abschloss, und trat am 1. Oktober 1907 in ein großes Versicherungsunternehmen ein. Manches von dieser Zeit seiner ersten Berufstätigkeit ist in den *Proceß*-Roman eingegangen. Josef K. will seine »kurzen Abende und Nächte als junger Mensch genießen« und sucht einmal in der Woche ein Mädchen auf, das »während der Nacht bis in den späten Morgen als Kellnerin in einer Weinstube bediente und während des Tages nur vom Bett aus Besuche empfieng« (S. 11); ähnlich verbrachte Kafka seine knappe Freizeit in Lokalen, Kabaretts, Kinos und Varietés und schloss mit Kellnerinnen Bekanntschaften, die gelegentlich auch in sexuelle Affären mündeten. Schon ein Dreivierteljahr später, am 30. Juli 1908, wechselte Kafka jedoch zu der »Arbeiter-Unfall-Versicherungs-Anstalt« (KHB I, S. 337), einem halbstaatlichen Unternehmen, in dem er unter anderem mit Fragen der Unfallverhütung und der Arbeitsplatzsicherheit in den zahlreichen Betrieben des nordböhmischen Industriereviers befasst wurde. In diesem Tätigkeitsbereich hat Kafka sich später sehr bewährt, aber das war nicht der entscheidende Grund für seinen Wechsel: Die tägliche Arbeitszeit beschränkte sich nun auf die Bürostunden von 8 bis 14 Uhr; damit hatte er mehr Zeit für das, was ihn schon seit Langem zunehmend fesselte – das Schreiben eigener Texte.

Kafka hat damit wohl um 1897/98 begonnen (vgl. KHB I, S. 259). An eine Veröffentlichung war zunächst nicht zu denken; er machte sich Tagebuchaufzeichnungen und schrieb kleinere Skizzen, die vor allem zeigen, wie ungeheuer verstrickt er in die Beobachtung seines familiären Umfelds und seiner eigenen Person war. Dabei machte er eine merkwürdige Erfahrung. Einerseits schämte er sich für sein Schreiben. Vor dem Hintergrund des so riesenhaft dargestellten Vater-Bildes schien ihm seine eigene Person so hinfällig und erbärmlich, dass damit auch die ständige Beschäftigung mit ihr eigentlich als eine Nichtigkeit gelten musste; Kafka entwickelte gewissermaßen eine Schreibscham. Andererseits fand er im Schreiben auch Befriedigung. Schreiben war etwas, was ihn aus dem Kreis der gewöhnlichen Tätigkeiten der Familie heraushob. Das war etwas anderes als Karten spielen, stricken und essen: Es vergesellschaftete nicht, führte nicht in die Gemeinschaft hinein, sondern aus ihr heraus, forderte und förderte Beobachtungsschärfe, Intelligenz, Kühle, Abstand – auch gegenüber sich selbst. In dieser Schule des Schreibens eignete sich Kafka an, was er später einmal seinen »bösen Blick« genannt hat (T 1912–1914, S. 167): die Distanz des Beobachters zu den von ihm in den Blick genommenen Nahverhältnissen. Dabei stieß er zugleich auf die komischen, grotesken und absurden Seiten des Familienlebens: das ›Zimmertheater‹, das Menschen, die sich gut kennen und eng zusammenleben, täglich vor- und miteinander aufführen. So unglücklich Kafka sich häufig fühlte – er hatte auch einen lebhaften Sinn für Humor, und dieser Humor kam hier voll auf seine Kosten.

Jene Schreibscham hat Kafka nie ganz verlassen. Gegen Ende seines Lebens hat er sie sogar noch einmal ausdrücklich demonstriert, als er seinem Freund Max Brod (1884–1968) auftrug, alles, was dieser nach Kafkas Tod an hinterlassenen Papieren und Manuskripten finden würde, ungelesen zu verbrennen. Gleichwohl drängte sich schon in seinen Studienjahren das Schreiben immer weiter in das Zentrum seines Interesses, und diese Entwicklung setzte sich in den Berufsjahren unvermindert fort, wenn sie auch immer wieder durch die Gegenwirkung seiner beruflichen Verpflichtungen gehemmt wurde.

Die Bedeutung des Schreibens für Kafka wuchs darum, weil sich im Prozess des Erwachsenwerdens die psychischen Funktionen differenzierten, die damit befriedigt wurden. Befriedigung gewann Kafka zweifellos weiter aus dem Strom des Schreibens selbst, aber mehr und mehr richtete sich sein Interesse auch auf das, was er dabei erzielte – das Ergebnis, das Werk selbst. Das ließ ihn kritischer und anspruchsvoller werden. Die Eltern oder die Schwestern als mehr oder minder gleichgültige oder verständnislose Zeugen seiner Tätigkeit genügten ihm nicht mehr; er suchte interessierte Gesprächspartner, Teilnehmer, Hörer – und schließlich Leser: zunächst als Adressaten handschriftlicher Briefe (wie Felice Bauer), dann aber auch als Leser von veröffentlichten Texten: Kafka wollte durchaus ein ›richtiger‹ Autor sein, der ›richtige‹ Bücher schrieb und dessen Name wie mit Goldschrift auf dem Grabstein seines Ruhms erglänzen sollte (so hat er es sich in einer Erzählung buchstäblich erträumt; vgl. »Ein Traum«, PM, S. 313–316). Kafka, der Schreiber, entwickelte einen Autorehrgeiz, der nicht gering einzuschätzen ist.

Dafür bot Prag günstige Voraussetzungen. Zwischen 1880 und 1910 war die Einwohnerzahl der Stadt als Folge der Industrialisierung von 260000 auf 442000 (vgl. KHB I, S. 63) gestiegen. Mit ihren beiden Universitäten, der deutsch- und der tschechischsprachigen, den Zeitungen, Bibliotheken, Theatern, Konzertsälen und Cafés bot Prag alle Möglichkeiten, die neuesten kulturellen Strömungen und Debatten zu verfolgen, die sich zwischen Wien, München, Paris, Berlin, London oder Lemberg ereignen mochten, und Kafka nahm diese Gelegenheit wahr. Gleich zu Beginn seines Studiums trat er der »Lese- und Redehalle der deutschen Studenten in Prag« bei (KHB I, S. 280), die in ihrem Lesezimmer ständig rund 150 Zeitungen und Zeitschriften hielt und, zeitweise unter Mitwirkung Kafkas, zahlreiche Vorträge und Lesungen organisierte (vgl. KHB I, S. 285), interessierte sich aber auch intensiv für die zeitgenössische tschechische Dichtung und Kultur (vgl. KHB I, S. 263) sowie später für das jüdische Theater. Außerdem gab es in Prag eine lebhafte Literatenszene, an der tschechische, deutsche und jüdische Autoren beteiligt waren. Zu ihnen gehörte Franz Werfel (1890–1945), ein am expressionistischen Dichterhimmel damals neu aufgehender Stern, dessen gefühlsstarke Verse Kafka ebenso glühend bewunderte wie Werfels persönliche Ausstrahlung; ferner der bereits erwähnte Max Brod, der bald von der einzigartigen Begabung Kafkas überzeugt war und zu einem engen Freund und Wegbegleiter, ja als Herausgeber sogar zum Wegbereiter der Wirkung von Kafkas Werk über dessen Tod hinaus wurde.

Kafka konnte aus diesen Gesprächen mit Prager Künstlern, Schauspielern, Akademikern und jungen Intellektuellen viele Anregungen gewinnen, und er las selbst viel. Von den zahlreichen Autoren, Dichtern und Philosophen sei hier nur einer erwähnt, weil Kafka ihn seit 1906 (vgl. KHB I, S. 316) immer wieder studiert und zitiert hat: Gustave Flaubert (1821–1880). Dieser französische Romancier war von der geistigen Öde, Selbstzufriedenheit und moralischen Verlogenheit der kirchlichen und politischen Autoritäten seiner Zeit bis zur Weißglut gereizt, schrieb deshalb aber keine flammenden Pamphlete, sondern eiskalt sezierende Gesellschaftsromane, die auch für die Figuren wenig Sympathie erkennen ließen, die zu tragischen Opfern dieser geistigen und gefühlshaften Leere werden; so bringt sich die von ihrem Liebhaber enttäuschte Emma Bovary, Heldin seines gleichnamigen berühmten Ehebruchromans *Madame Bovary* (1856), am Ende mit Rattengift um und stirbt einen Tod, der qualvoller, erbärmlicher und trostloser nicht denkbar ist. Diese Ungerührtheit gegenüber seinen Figuren kombinierte Flaubert indes mit einer geradezu ingrimmigen Besessenheit in Bezug auf die sprachliche Perfektion seiner Texte. Er verbrachte ganze Tage damit, stöhnend und schimpfend an einem einzigen Satz zu basteln und zu feilen, bis er die Formulierung gefunden hatte, die ihm die richtige zu sein schien. Genau das faszinierte Kafka so: der absolute Einsatz für seine Kunst und die Bereitschaft, dafür den vollen Preis zu zahlen. Flaubert hat das einmal mit einer Gipfelwanderung verglichen.

Geht es beim Leben des Künstlers oder besser, bei einem zu vollendenden Kunstwerk nicht um das gleiche wie bei einem großen Berg, der bestiegen werden soll? Eine harte Wanderung, die einen unbändigen Willen fordert! Zuerst sieht man von unten einen hohen

Gipfel. Droben am Himmel erscheint er, leuchtend in seiner Reinheit, beängstigend wegen seiner Höhe, und er lockt uns aus eben diesem Grunde. Man bricht auf. Aber nach jeder überwundenen Steigung des Wegs wird der Berg größer, weicht der Horizont zurück; wir durchqueren Abgründe, Schwindelgefühle, Depressionen. Es ist kalt, und der ewige Orkan der hohen Regionen reißt uns die letzten Fetzen unserer Kleider vom Leibe. Die Erde ist für immer versunken, und das Ziel kann gewiß nie erreicht werden. Das ist die Stunde, in der wir uns Rechenschaft ablegen über all unsere Mühen und mit Entsetzen die Schrunden in unserer Haut betrachten. Wir haben nichts anderes mehr als den unbezähmbaren Drang, höher hinaufzusteigen, zum Ende zu kommen, zu sterben. Ab und zu jedoch erheben sich plötzlich die Winde des Himmels und enthüllen unserem staunenden Blick zahllose, nirgends endende, herrliche Ausblicke! Zwanzigtausend Fuß unter uns gewahren wir die Menschen, eine olympische Brise erfüllt unsere gewaltigen Lungen, und man vermeint, ein Koloß zu sein, der die ganze Erde zum Sockel hat. Dann senkt sich wieder der Nebel, und man setzt seinen Weg fort, mit vom Gestein zerfetzten Fingernägeln, und weinend in der Einsamkeit. Was tut's! Mögen wir sterben im Schnee, im weißen Licht unseres schmerzvollen Verlangens, beim Murmeln der Sturzbäche des Geistes, das Gesicht der Sonne zugewandt. [...]

Gustave Flaubert, Brief an Louise Colet vom 16. September 1853

Nur Künstler können so schön klagen: mit so gewaltigem Pathos, in solch stolzem Bewusstsein der Auserwähltheit ihrer Kunst wie der Größe ihrer Leiden. Vergleichbare Motive der Künstlerklage kehren denn auch in vielen der Erzählungen wieder, die Kafka später über das Problem der Kunst und des Künstlers schrieb, und wenn eine dieser Figuren, die dort in der Gestalt eines Landarztes erscheint, am Ende der Erzählung in einer Schneewüste herumirrt, »[n]ackt, dem

Froste dieses unglückseligsten Zeitalters ausgesetzt« (*Ein Landarzt*, in: GW 1, S. 206), so ist darin sicher ein Rückbezug auf Flauberts Künstlerallegorie mitgegeben.

Für das konkrete Verständnis des *Proceß*-Romans ist indes ein anderer Satz Flauberts von zentraler Bedeutung, den Kafka immer wieder zitierte (vgl. KHB I, S. 319), seitdem er ihn in einer Ausgabe der Briefe Flauberts an seine Nichte Caroline (Paris 1909) gelesen hatte: »Ils sont dans le vrai.« »Sie leben im Wahren.« Flaubert äußerte diesen Satz seiner Nichte gegenüber, als er eine ihrer Freundinnen im Kreis ihrer Kinder antraf. Am Ende seines Lebens bedauerte er, der Kunst alles aufgeopfert zu haben, nämlich, in den oben zitierten Worten Kafkas: Familienleben, Freundschaft, Ehe.

Josef K. ist kein Künstler. Aber auch ihn treibt, wie seinen Schöpfer, das Gefühl um, ›nicht im Wahren zu leben‹.

2 Zeitgeschichtlicher Hintergrund

Werke der Kunst werfen in der Regel jedoch nicht nur Licht auf die Persönlichkeit ihres Schöpfers, sondern auch auf die Zeit, in der sie entstanden sind. Im Falle des *Proceß*-Romans ist es allerdings gar nicht so einfach, den zeitgeschichtlichen Hintergrund als Bezugsfeld des Texts zu erschließen. Dass nämlich Kafka in einer Zeit starker politischer Spannungen aufwuchs, die fast zeitgleich mit dem Beginn der Arbeit am Roman im Ausbruch des Ersten Weltkriegs explodierten, ist dem Werk kaum anzumerken. Kafka erlebte den Zusammenbruch einer europäischen Staatenordnung mit katastrophalen Folgen. *Der Proceß* zeigt sich jedoch davon völlig unberührt.

Kafka war 1883 als Staatsbürger der österreichisch-ungarischen Doppelmonarchie geboren worden, in der der Kaiser von Österreich, der von 1848 bis 1916 regierende Franz Joseph I., seit 1867 zugleich König von Ungarn war. Während in diesem ›jenseits‹, östlich des Flusses Leitha gelegenen (und deswegen Transleithanien genannten) Reichsteil mit seiner zu 54 Prozent aus Ungarn bestehenden Bevölkerung von 18 Millionen Menschen die ethnischen Verhältnisse relativ überschaubar waren, lagen in dem ›diesseits‹, überwiegend westlich der Leitha gelegenen Reichsteil Österreich (Zisleithanien) die Dinge wesentlich komplizierter: Hier lebten in 15 Kronländern acht Nationen zusammen – 33 Prozent Deutsche, 22 Prozent Tschechen, 15 Prozent Polen, 12 Prozent Ukrainer, ferner Slowenen, Serbo-Kroaten oder Italiener, insgesamt fast 28 Millionen Menschen (alle Zahlen bezogen auf 1910).

Eines dieser Kronländer mit eigenem Landtag und eigener (fürstlicher) Verwaltung war das im Nordwesten Zisleithaniens gelegene Böhmen mit seiner Hauptstadt Prag und einer Bevölkerung von 6,32 Millionen (1900), von denen 3,93 Millionen Tschechen (62,6 Prozent) und 2,34 Millionen Deutsche (37,2 Prozent) waren. Wo Deutsche in einzelnen Zentren wie Prag oder Pilsen Mitte des 19. Jahrhunderts noch in der Mehrzahl gewesen waren, verloren sie (abgesehen vom Sudentenland, dem rein deutschsprachigen nördlichen Randgebiet Böhmens) diese Position seit den Sechzigerjahren durch den Zustrom tschechischer Landbewohner in die städtischen Industrie- und Wirtschaftsräume, deren Vertreter in der Folgezeit auch die Mehrheit in den städtischen Parlamenten und seit 1883 sogar die im böhmischen Landtag eroberten. Der Streit um die konkrete politische Ausgestaltung des Zusammenlebens der verschiedenen Bevölkerungsgruppen, der den inneren Zusammenhalt der gesamten Donaumonarchie gefährdete, erreichte damit auch das Kronland Böhmen und belastete die Beziehungen sowohl zwischen Deutschen und Tschechen untereinander als auch in ihrem Verhältnis zur Reichsregierung in Wien beträchtlich. Erschwerend kam hin-

Prag um 1900. Blick über die Moldau mit Karlsbrücke auf die Prager Kleinseite mit Hradschin und Sankt-Veits-Dom.

zu, dass auch unter den Vertretern der einzelnen Volksgruppen ganz unterschiedliche politische Konzepte miteinander konkurrierten. Während beispielsweise tschechische Intellektuelle bereits auf dem Prager Slawenkongress von 1848 – dem Jahr der ersten, von Wien aus blutig niedergeschlagenen nationaltschechischen Unabhängigkeitsbewegung – eine stärkere politische und kulturelle Entfaltung der slawischen Bevölkerungsteile *innerhalb* des Habsburger Reiches gefordert hatten, votierten die radikaleren sogenannten panslawistischen Jungtschechen in den Neunzigerjahren für einen politischen und kulturellen Zusammenschluss aller Slawen unter Führung Russlands in eigenständigen nationalstaatlichen Gebilden, was auf die 1919 dann tatsächlich erfolgte Auflösung der Vielvölkermonarchie hinauslief.

Franz Kafka kam mit diesen Problemen des Zusammenlebens von Deutschen und Tschechen nicht schlecht zurecht. Er trug von Vatersseite einen tschechischen Familiennamen, der auf deutsch ›Dohle‹ oder ›Krähe‹ bedeutet – eine Bedeutung, mit der er gelegentlich in seinen Texten spielt, wenn er sich zum Beispiel hinter der erfundenen Figur des ›Jägers Gracchus‹ (vgl. GW 6, S. 96–100) versteckt; das lateinische Wort ›graculus‹ heißt nämlich wiederum ›Dohle‹. Die Eltern und Geschwister zu Hause verständigten sich auf Deutsch untereinander und tschechisch mit der Köchin Marie Werner, die kein Deutsch sprach; auch für die Verwandten auf dem Land, zu denen Kafka als Junge gelegentlich in die Sommerfrische geschickt wurde, musste das Tschechische hin und wieder hervorgeholt werden. Kafka gehörte zur deutsch sprechenden Minderheit, hatte aber keine Vorbehalte und Berührungsängste gegenüber der tschechischen Bevölkerungsgruppe. Das änderte sich auch während des Studiums nicht.

Wenn mithin die kulturellen Verschiedenheiten und politischen Gegensätze zwischen Deutschen und Tschechen weder in Kafkas Person noch im *Proceß*-Roman tiefere Spuren hinterlassen haben, so gilt dieses Unberührtsein von den zeitgenössischen Verhältnissen in noch größerem und fast unheimlichem Maß für den Ausbruch des Ersten Weltkriegs. Nach der Ermordung des österreichischen Thronfolgers Franz Ferdinand und seiner Gattin durch einen bosnischen Studenten am 28. Juni 1914 in Sarajewo, hinter dem die für ein eigenständiges Großserbien kämpfende Geheimorganisation ›Schwarze Hand‹ stand, hatte am 28. Juli Österreich-Ungarn Serbien den Krieg erklärt. Als Bündnispartner Österreich-Ungarns erklärte daraufhin Deutschland am 1. August Russland und am 3. August Frankreich den Krieg; ferner traten England und Serbien (noch im August 1914), Italien (1915), Rumänien (1916) und zuletzt die USA (1917) in den Krieg ein. Europa stand in Flammen. Am Ende des Kriegs, der etwa 10 Millionen Tote und 20 Millionen Verwundete gefordert hatte, musste Österreich im Friedensvertrag von St. Germainen-Laye im September 1919 die Selbstständigkeit der ehemaligen Reichsteile beziehungsweise Kronländer Ungarn, Böhmen, Polen und Jugoslawien anerkennen. Die Vielvölkermonarchie war zerbrochen; Prag, die ehemalige Hauptstadt des Kronlandes Böhmen, wurde die Hauptstadt der neu gegründeten Tschechoslowakischen Republik.

Kafka hat diese Entwicklungen nicht voraussehen können. Dichter sind selten Visionäre. Aber es ist dennoch erstaunlich zu lesen, was er in seinem Tagebuch unter dem Datum des 2. August 1914 notierte: »Deutschland hat Rußland den Krieg erklärt. – Nachmittag Schwimmschule« (T 1912–1914, S. 165). Er scheint so ungeheuer mit sich beschäftigt gewesen zu sein, dass – während die übrige Welt sich im Kriegstaumel selbst zu vergessen schien – für ihn die Weltgeschichte nicht mehr als eine Randnotiz wert war.

Soweit zu sehen, gibt also die politische Zeitgeschichte für das Verständnis des *Proceß*-Romans nichts her. Weder die spannungsvolle Koexistenz rivalisierender Nationalitäten im österreichisch-ungarischen Kaiserreich noch der Ausbruch des Kriegs haben darin Spuren hinterlassen. Will man wissen, ob nicht doch zeitgenössische Erfahrungen in den Roman eingegangen sind, muss man andere Bereiche betrachten. Es fällt zum Beispiel auf, dass in Kafkas Erzählungen und Romanen immer wieder Angestellte auftreten, die mit ihrem beruflichen und privaten Leben unzufrieden sind. So sind in der 1912 entstandenen Erzählung *Die Verwandlung* die »geschäftlichen Aufregungen«, die »Plage des Reisens [...], die Sorgen um die Zuganschlüsse, das unregelmäßige, schlechte Essen« und »ein immer wechselnder, nie andauernder, nie herzlich werdender menschlicher Verkehr« (was auch im Sinne eines tieferen menschlichen Ungenügens an lediglich flüchtigen sexuellen Beziehungen zu verstehen ist) Gegenstand der Klagen Gregor Samsas, der im Außendienst als Vertreter für eine Tuchhandelsfirma tätig ist (GW 1, S. 94). Den wegen seines Ausbleibens im Geschäft bald herbeieilenden Prokuristen nennt er innerlich eine »Kreatur des Chefs, ohne Rückgrat und Verstand« (GW 1, S. 95), verfällt aber in seiner Verteidigungsrede gegen dessen Anschuldigungen selbst in einen unterwürfigen Ton und traut sich nicht, seinen eigentlichen Wünschen nachzugeben: »Wenn ich mich nicht wegen meiner Eltern zurückhielte, ich hätte längst gekündigt, ich wäre vor den Chef hin getreten und hätte ihm meine Meinung von Grund des Herzens aus gesagt. Vom Pult hätte er fallen müssen!« (GW 1, S. 94 f.) Die Wut über das Gefühl, unterdrückt und ausgenutzt zu werden, kämpft mit der Angst, entlassen zu werden, und kann sich nur in dieser typischen Angestelltenphantasie entladen, ohne sich offen zu artikulieren.

Im Unterschied zu Gregor Samsa bekleidet Josef K. in der Bank, in der er arbeitet, zwar die Stellung eines Prokuristen, also eines zu selbstständigem Handeln mit bestimmten Vollmachten ausgestatteten Angestellten in gehobener Position. Er lebt aber in ständiger Sorge, im betriebsinternen Konkurrenzkampf vom Direktor-Stellvertreter ausgestochen zu werden. Das Denken in Hierarchien, die Verinnerlichung der Begriffe von ›oben‹ und ›unten‹, das beflissene Streben nach dem Wohlwollen der immer unberechenbaren ›Chefs‹, die Angst vor dem eigenen Versagen und vor dem Erfolg der Konkurrenten prägen den inneren Habitus dieser Angestelltenfiguren. Sie erfahren sich als deformierte Existenzen, die selbst im beruflichen Erfolg keine wirkliche innere Erfüllung finden; sie erleben sich – und das ist ein wichtiger Begriff für das Verständnis der Figur Josef K. – als ihrem eigentlichen Wesen entfremdet.

›Entfremdung‹ ist ursprünglich ein theologischer Begriff. In dieser Bedeutung prägte ihn der Kirchenlehrer Augustinus

(354–430), der damit die Abwendung des Menschen im Zustand der Sünde von Gott bezeichnete. Da Augustinus in der Orientierung am Gebot Gottes den Kern des Personseins des Menschen selbst sah, schien ihm die Abkehr des Menschen von Gott folgerichtig eine *alienatio a se*, ein Sich-selbst-Verlorengehen des Menschen.

Der französische Gesellschaftsphilosoph Jean-Jacques Rousseau (1712–1778) verstand unter ›Entfremdung‹ hingegen eine Folgekrankheit des Lebens in der Zivilisation. Weil die Zivilisation eine Unzahl künstlicher Bedürfnisse nach Gütern und Leistungen wecke, die der Mensch nach Ansicht Rousseaus gar nicht benötigt, verführe sie ihn dazu, seine echten, ›natürlichen‹ Bedürfnisse zu vernachlässigen – die nach Aufrichtigkeit, Freundschaft, Vertrauen, Nähe; er entfremde sich seiner ›wahren‹ Natur.

Zum bedeutendsten Theoretiker der Entfremdung wurde im 19. Jahrhundert Karl Marx (1818–1883). Im Kapitalismus, so seine These, ist der lohnabhängige Arbeiter sich selbst auf dreifache Weise entfremdet: Er wird nicht als ganzheitliche Person wahrgenommen und behandelt, sondern nur als Träger seiner Arbeitskraft, die er einem Lohnherrn verkauft; er ist nicht im Besitz der Produktionsmittel, mit denen er arbeitet, und ist daher seiner Tätigkeit entfremdet; und er ist schließlich auch dem Resultat seiner Arbeit entfremdet, nämlich der von ihm produzierten Ware, die er nicht behält, sondern wiederum gegen Geld erwerben muss.

Diese Diagnose, dass der moderne Mensch ›sich selbst entfremdet‹ sei, wurde um 1900 in einer Unzahl von gesellschaftskritischen und existenzphilosophischen Abhandlungen entfaltet. Vor allem die Soziologie, eine damals noch junge Wissenschaft, entdeckte die bürokratischen Organisationen der modernen Betriebe, Industrien und Verwaltungen als Brutstätten solcher Entfremdung. Besonders fiel ihr dabei auf, dass gerade Systeme, die auf hochgradige Rationalität bedacht waren, das Bedürfnis nach einer ganzheitlichen ›Sinngebung‹ nicht mehr erfüllten. Sie waren nur noch Orte instrumenteller Rationalität, aber nicht mehr ganzheitlicher Vernunft. Der an der Prager Universität lehrende Volkswirtschaftler und Soziologe Alfred Weber (1868–1958) arbeitete diesen Befund in einem Aufsatz mit dem Titel »Der Beamte« aus, der 1910 in der Zeitschrift *Die Neue Rundschau* erschien. Weber betonte darin besonders die das Individuum psychisch deformierende Macht der modernen Bürokratien.

Für Leute, die so fühlen [...], wächst heut ein ungeheures Problem herauf. Sie sehen, wie sich ein riesenhafter »Apparat« in unserem Leben erhebt, wie dieser Apparat die Tendenz besitzt, sich immer weitergehend über früher [...] frei und natürlich gewachsene Teile unsrer Existenz zu legen, sie in seine Kammern, Fächer und Unterfächer einzusaugen, – sie fühlen, wie ein Gift der Schematisierung, der Ertötung alles ihm fremden, individuellen, selbstgewachsenen Eigenlebens dabei von ihm ausstrahlt, wie er an Stelle dessen ein riesenhaftes rechnerisches Etwas setzt, ein System, das mit einem [...] seelenlosen Füreinander sich über alle Arbeit, alles Schaffen breitet. Und wenn sie sich dann sagen, daß man ja imstande sei, sich von dieser neuen Daseinsform doch innerlich zu distanzieren, sie [...] durch geistige Abstandnahme wenigstens von innen her zu überwinden, so sehen sie mit Entsetzen, wie die Psyche der Bevölkerung sich diesem »Apparate« anpaßt, wie sie in seine Kammern, Fächer und Unterfächer einkriecht, [...] wie sie die Leitern aufkriecht, die von einem zum andern warmen Plätzchen führen, wie sie mit anderen Worten einschrumpft zu der Sehnsucht nach Versorgtsein aus dem und zum Streben nach Karrieremachen in dem Apparat.

Alfred Weber, Der Beamte (1910)

Alfred Weber war an Kafkas Promotionsverfahren beteiligt; und man weiß, dass die *Neue Rundschau* die einzige Zeitschrift war, die Kafka über Jahre hinweg regelmäßig gelesen hat. Dass er Webers Aufsatz gekannt hat, ist also nicht unwahrscheinlich, zumal er in der Erzählung *In der Strafkolonie*, die er neben der Arbeit am *Proceß*-Roman gleichfalls im zweiten Halbjahr 1914 schrieb, einen riesenhaften mechanischen Apparat erfindet, der mit spitzen gläsernen Nadeln das Urteil des Gerichts in den Rücken des ihm unterworfenen Deliquenten einritzt, welcher über dieser Tortur stirbt. Das »Grauenhafte des bloß Schematischen« (vor dem 27. Mai 1914; T 1912–1914, S. 145), dem Kafkas ganzes Entsetzen galt, wird in der Erzählung bildhaft übersetzt in einen mechanischen Vollzug, der den Körper des in den Apparat eingespannten Subjekts restlos zugrunde richtet.

Gab es Auswege aus diesen modernen Tendenzen der Deformation und Entfremdung, Alternativen zu solch entstellender Rationalität? Diese Frage bewegte intensiv die Generation der um 1875 Geborenen, die sie vor allem unter zwei Stichworten diskutierte: ›Mystik‹ und ›Lebensreform‹.

›Lebensreform‹ ist der zusammenfassende und vereinheitlichende Oberbegriff für eine Fülle von Reformbewegungen, mit denen man um 1900 versuchte, den Folgeschäden der modernen Zivilisation durch eine ganzheitliche und naturnahe Lebensführung entgegenzuwirken. Dazu gehörten Naturheilbewegung, Kleidungsreform, Freikörperkultur, Ernährungsreform, Vegetarismus und Antialkoholbewegung (siehe dazu die Beiträge im *Handbuch der deutschen Reformbewegungen* 1880–1933, Wuppertal 1998). Kafka trat zwar nie einer der Vereinigungen bei, in denen sich die Anhänger dieser Lebensreformbewegungen organisierten, aber er praktizierte viele ihrer Methoden in seiner eigenen Lebensführung.

Unter dem Einfluß der Naturheilkunde wurde Kafka Vegetarier [...] und mied Medikamente [...], außerdem Süßigkeiten [...], Tabak, Kaffee, Tee [...] und gewöhnlich auch Alkohol [...]. Er trank wenig, gewöhnlich Wasser oder Limonade, und gelegentlich nippte er an einem Glas Bier [...], dem tschechischen Nationalgetränk. Morgens aß er Kompott, Cakes und Milch, mittags Gemüse und besonders gern Spinat [...], abends wurde ihm aus Joghurt, Simonsbrot, Butter, Nüssen aller Art, Kastanien, Datteln, Feigen, Mandeln, Rosinen, Kürbissen, Bananen, Äpfeln, Birnen, Orangen sowie Weintrauben und Ananas, die er besonders mochte [...], eine Mahlzeit zubereitet [...].

Die körperliche Abhärtung und Ertüchtigung waren zu einer Art System ausgebaut: beim Aufstehen und vor dem Schlafengehen mit unbekleidetem Körper vor geöffnetem Fenster gymnastische Übungen [...] und kalte Waschungen [...]. Als Mittel der Körperertüchtigung dienten im Lauf der Jahre Schwimmen, Radfahren, Tennis, Motorradfahren, Rudern, Reiten und Gartenarbeit. Außerdem trug Kafka leichte Kleidung, keine Westen, keine langen Unterhosen und Handschuhe [...], auch im Winter nicht, äußerstenfalls bei großer Kälte einen leichten Überzieher [...].

Hartmut Binder, Kafka-Handbuch (KHB I), S. 300

Darüber hinaus hielt Kafka sich wiederholt zur Erholung in Sanatorien auf, die der Naturheilbewegung verpflichtet waren, so 1911 im Naturheilsanatorium Fellenberg in Erlenbach bei Zürich und 1912 in »Just's Jungborn« im Harz. Hier nahm er ausgiebige Luft- und Sonnenbäder, ernährte sich nach einer der zur Auswahl gestellten Diäten, folgte den von der ärztlichen Leitung angebotenen Vorträgen zur gesunden Lebensführung und praktizierte Gymnastikübungen zur körperlichen Ertüchtigung. Das hatte bei allem Anspruch auf

Ganzheitlichkeit und Natürlichkeit auch seine zwanghaften und komischen Seiten, spiegelt aber doch ein Grundmotiv der Epoche um 1900: das *Verlangen nach Reinheit.*

Spirituell äußerte sich diese Sehnsucht nach Reinheit in einer Wiederbelebung mystischer Traditionen. Das Wort ›Mystik‹ kommt aus dem Griechischen und bedeutet ›die Augen schließen‹. Die Mystiker – die in der Spätantike, im christlichen Mittelalter, aber auch innerhalb des östlichen Judentums besonderen Zulauf hatten – waren sehr religiöse Menschen, die die Vereinigung der Seele mit Gott durch die Abwendung von allem Äußeren und Äußerlichen suchten. Sie gingen den Weg der Verinnerlichung – des intensiven Gebets, der Meditation, der Versenkung in sich – und erfuhren in dieser Wendung nach innen die Begegnung mit Gott als ein überwältigendes Erfülltsein, als völlige Entselbstigung. Sie waren plötzlich nur noch Gefäß für etwas, was in sie einströmte. Diese Erfahrung legten sie in eindrucksvollen Schriften nieder. In den 1920er-Jahren wurden diese Schriften vielfach neu herausgegeben und ganz oder in Auszügen wiedergedruckt. Die berühmteste Mystik-Anthologie dieser Zeit stammt von einem jüdischen Gelehrten, Martin Buber. Er gab seinem Buch den Titel *Ekstatische Konfessionen* (1909 und öfter). ›Ekstase‹, ebenfalls ein griechisches Wort, bedeutet: ›(leidenschaftliches) Aus-sich-herausgetreten-Sein‹. Ekstatische Konfessionen sind demnach Bekenntnisse von Menschen, die sich ihres Selbsts entäußern und in diesem Sinn ganz ›rein‹ werden.

Diese Vorstellung absoluter Reinheit im Geistigen faszinierte auch Kafka. In einer seiner Aufzeichnungen heißt es:

> Vor dem Betreten des Allerheiligsten mußt Du die Schuhe ausziehn, aber nicht nur die Schuhe, sondern alles, Reisekleid und Gepäck, und darunter die Nacktheit, und alles, was unter der Nacktheit ist, [...] und dann den Kern und

> den Kern des Kerns, dann das Übrige und dann den Rest und dann noch den Schein des unvergänglichen Feuers. Erst das Feuer selbst wird vom Allerheiligsten aufgesogen und läßt sich von ihm aufsaugen, keines von beiden kann dem widerstehen. (GW 6, S. 198)

Erkennbar liegen hier deutliche Parallelen zur Parabel *Vor dem Gesetz* aus dem *Proceß*-Roman vor. Auch der Mann vom Lande begehrt den Eintritt in ein Allerheiligstes. Und kurz vor seinem Tod bemerkt er den »Glanz, der unverlöschlich aus der Türe des Gesetzes bricht« (S. 225). Aber er zögert, den letzten Schritt zu tun und in diesem Glanz aufzugehen. Wie die meisten Menschen verharrt er ein Leben lang auf der Schwelle.

Ist Kafka selbst ein moderner Mystiker gewesen? Das wohl nicht. Aber die Ideen, die er in der Mystik fand, hatten für ihn große Bedeutung. Mystik heißt für ihn erstens: Absehen können von allem Unwichtigen. Sie ist das Gegenteil von Zerstreuung und Ablenkung, nämlich absolute Konzentration.

Sie ist zweitens Erlösung von dem peinigenden Zwang der Selbstbeobachtung. Ständig auf das eigene Ich fixiert zu sein, empfand Kafka geradezu als seine persönliche Ursünde. »Haß gegenüber aktiver Selbstbeobachtung«, notiert er am 9. Dezember 1913. Er nennt solche Selbstbeobachtung drastisch »sich hündisch umlaufen« (T 1912–1914, S. 213 f.). »Zum letztenmal Psychologie!«, ruft er sich entschlossen Ende 1917 zu (GW 6, S. 244). Mystik ist die Alternative zur Psychologie.

Und schließlich ist Mystik die Erlösung vom Ich selbst – nicht nur von seiner Beobachtung. Das hässliche, kümmerliche, verworrene Ich verschwindet. Es wird verzehrt im Feuer der Hingabe, in das es wie ein welkes Blatt hineintaumelt, um auffliegend zu vergehen.

3 Entstehungsgeschichte

Kafka arbeitete zwischen Anfang August 1914 und Mitte Januar 1915 am *Proceß*-Roman; danach legte er das Manuskript unvollendet beiseite. Dieses »Bündel [...] Proceßschriften« (S. 190) ist der merkwürdige Fall eines abgeschlossenen Fragments, das aus drei Kapitelgruppen besteht. Zunächst schrieb Kafka das erste und das letzte Kapitel, die Josef K.s Verhaftung und seine Hinrichtung schildern. Damit war gesichert, wie die Handlung enden sollte. Die Lücken zwischen Anfang und Ende füllte er in den folgenden Wochen und Monaten mit einer Reihe von Kapiteln, von denen er einen großen Teil auch abschloss. Diese ganz oder wie im Fall des achten Kapitels zumindest weitgehend (vgl. S. 206) vollendeten Kapitel bilden in der hier zugrunde gelegten Ausgabe den Text der Seiten 9 bis 239. Andere Kapitel hingegen blieben erkennbar unvollendet. Sie sind in der Ausgabe als »Fragmente« auf den Seiten 240 bis 268 abgedruckt und tragen die Überschriften »B.'s Freundin« (S. 240–248), »Staatsanwalt« (S. 248–255), »Zu Elsa« (S. 255–257), »Kampf mit dem Direktor-Stellvertreter« (S. 257–261), »Das Haus« (S. 261–265) und »Fahrt zur Mutter« (S. 265–268).

Abgeschlossen ist also der *Proceß*-Roman, weil er einen in sich geschlossenen Handlungszusammenhang bietet. *Fragmentarisch* ist er jedoch, weil (a) nicht alle Kapitel zu Ende geführt wurden, (b) die *Zahl* der Kapitel unbestimmt blieb, die am Ende Eingang in das abgeschlossene Buch gefunden hätten, und (c) die *Reihenfolge* nicht ganz sicher zu bestimmen ist, in der die abgeschlossenen und, wenn sie zu Ende geführt und vollständig aufgenommen worden wären, auch die in der vorliegenden Form noch unfertigen Kapitel ihren Platz hätten finden sollen. Kafka hat nämlich jedes Kapitel in einem eigenen Umschlag abgelegt, ohne diese Umschläge durchzunummerieren und jedem Kapitel eine eindeutige Platzziffer zuzuweisen. Man weiß nur, dass »Verhaftung« das erste und »Ende« das letzte Kapitel des Buchs ist. Aber das wievielte Kapitel wäre dieses letzte Kapitel denn gewesen? In unserer Ausgabe ist es das zehnte, aber nur darum, weil eben die unvollendet gebliebenen von den abgeschlossenen getrennt worden sind; mit deren Einschluss hätte es auch das elfte oder dreizehnte werden können. Auch lässt sich bei manchen Kapiteln nur die relative, nicht aber die absolute Stellung innerhalb der Kapitelfolge angeben. Das bruchstückhaft gebliebene Kapitel »Zu Elsa« etwa setzt voraus, dass Elsa als Figur eingeführt worden ist; das geschieht anfangs des in unserer Ausgabe an zweiter Stelle abgedruckten Kapitels »Gespräch mit Frau Grubach – Dann Fräulein Bürstner«, sodass das Kapitel »Zu Elsa« an späterer Stelle hätte eingefügt werden müssen. Zudem wird aus dem Anfang des Kapitels »Zu Elsa« klar, dass die erste Untersuchung vor Gericht schon stattgefunden haben muss, das Kapitel also nach (wenn auch nicht notwendig unmittelbar nach) dem folgt, das »Erste Untersuchung« heißt. Aber ob das Kapitel »Zu Elsa« beispielsweise vor oder nach dem Kapitel »Der Prügler« einzuordnen wäre, lässt sich nicht mit letzter Sicherheit bestimmen. Und dies gilt ebenso für eine Reihe weiterer Kapitel.

Daraus resultiert die grundsätzliche, wenn auch in sich abgestufte editorische Problematik jeder Ausgabe des *Proceß*-Romans. Sie betrifft in geringerem Maße die Anordnung der von Kafka vollendeten Kapitel und verstärkt sich, wenn man diesen von Kafka vollendeten auch noch die unvollendeten Kapitel zuordnen will, wie es zuletzt Christian Eschweiler mit seinem Versuch einer integralen Ausgabe (2005) unternommen hat. Eine solche integrale Ausgabe, die die unvollendeten Kapitel nicht bloß als Anhang bietet, sondern sie in

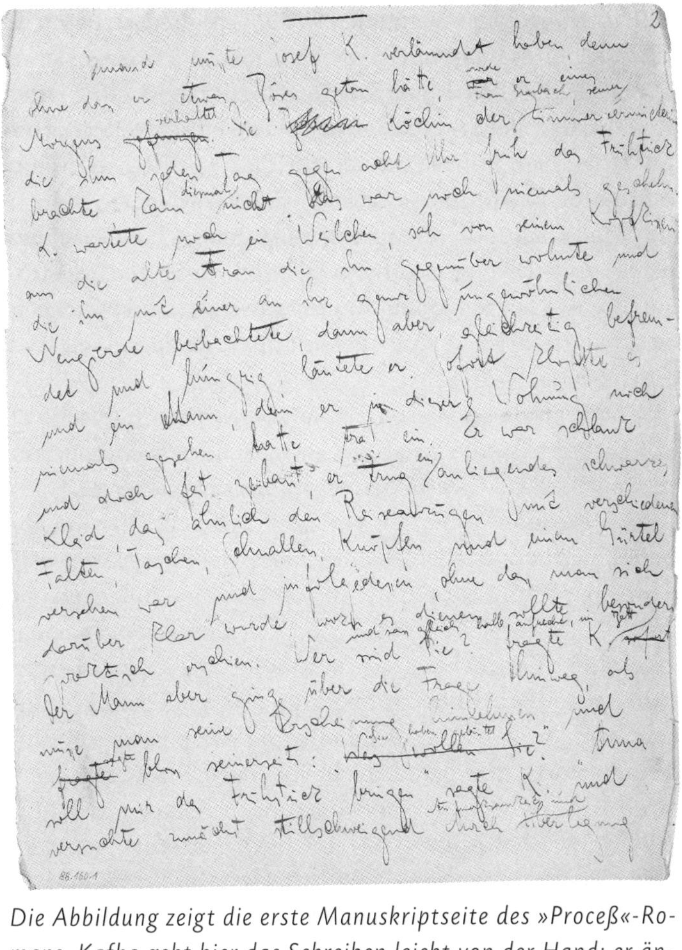

Die Abbildung zeigt die erste Manuskriptseite des »Proceß«-Romans. Kafka geht hier das Schreiben leicht von der Hand; er ändert nur wenig und dies wenige sofort; unversehens setzt das Geschehen ein, ungehemmt nimmt es seinen Fortgang. Eigentümlich Kafkas Handschrift: frauenhaft zart, aber mit unweiblich spitzer Feder, säuberlich zierlich verschnörkelt, ein bisschen pedantisch; so lesbar und durchsichtig-harmlos, als gäbe es in Kafkas Welt kein Grauen und kein tödliches Ende im Steinbruch.

die Reihenfolge der vollendeten Kapitel eingliedert, betrachtet es allerdings nicht nur als selbstverständlich, dass Kafka auch tatsächlich alle Kapitel in die endgültige Fassung hätte aufnehmen wollen, was gar nicht sicher ist. Eschweiler beruft sich dabei auch auf die Annahme, dass Josef K. zu einem bestimmten Zeitpunkt – für Eschweiler ist das der Besuch beim Maler Titorelli – den Entschluss gefasst habe, »seinen Prozess vorbehaltlos anzunehmen« und »tätig und zielstrebig« (Eschweiler, S. 238) an ihm mitzuwirken, sodass er sich von da an tatsächlich »unbeirrt auf dem richtigen Weg« bewege (ebenda, S. 257).

Wenn man diese These einer *fortschreitenden Entwicklung* Josef K.s vertritt, die zu seiner »wachsenden Sicherheit im Umgang mit den Forderungen seines Gerichts« (ebenda, S. 15) führe, wird man in der Tat versuchen wollen, eine lineare Kapitelfolge herzustellen, die diesen Entwicklungsfortschritt in der Anordnung der Kapitel abbildet. Ist man hingegen der Ansicht, dass Josef K. mit Ausnahme des im »Dom«-Kapitel dargestellten Geschehens darum bemüht ist, dieser Konfrontation nach Möglichkeit und bis zum Ende aus dem Weg zu gehen (vgl. S. 77–86 dieses Bands) und der postulierte Entwicklungsfortschritt gerade nicht vollzogen wird, dann wird man es für diese Ausweichbewegungen relativ unwichtig finden, in welcher Abfolge sie tatsächlich ausgeführt werden, da ja keine von ihnen zum Ziel führt. Das dem *Proceß*-Roman zugrunde liegende Textmodell wäre in diesem Fall sehr viel offener und ließe die Kapitel als gegeneinander *relativ isolierte Einheiten* von eher schwach ausgeprägter Kohärenz erkennbar werden; eine vom Autor hingenommene kompositorische Bindungsschwäche, in der sich der Zustand immer größerer und zuletzt tödlicher Erschöpfung abbildet, in den der Protagonist selbst hineingerät. Der ausdrückliche *Verzicht* auf eine integrale Präsentation aller überlieferten Teile des *Proceß*-

Manuskripts entspricht dieser These nach mithin sehr viel besser dem aus der Konzeption der Figur Josef K. und ihrer Niedergangstendenz resultierenden Textmodell, dem Kafka beim Schreiben des Romans folgte, als die auf die optimistische Deutung eines Entwicklungsfortschritts hin abgestimmte Vorstellung eines auch in seinen Bruchstücken konsequent teleologisch (zielgerichtet) organisierten Ganzen.

Liebster Max, was ich tue, ist etwas einfaches und selbstverständliches: Ich habe in der Stadt, in der Familie, dem Beruf, der Gesellschaft, der Liebesbeziehung (setz sie wenn Du willst an die erste Stelle), der bestehenden oder zu erstrebenden Volksgemeinschaft, in dem allen habe ich mich nicht bewährt und dies in solcher Weise, wie es – hier habe ich scharf beobachtet – niemandem rings um mich geschehen ist. [...] Ich will mich nicht des Leidens rühmen, welches dieses nichtgelebte Leben begleitete, [...] immerhin war es zu groß, um weiterhin ertragen werden zu können oder wenn es nicht zu groß war, war es doch jedenfalls zu sinnlos. (In diesen Niederungen ist vielleicht die Frage nach dem Sinn erlaubt.) Der nächste Ausweg, der sich, vielleicht schon seit den Kinderjahren, anbot, war, nicht der Selbstmord, sondern der Gedanke an ihn. In meinem Fall war es keine besonders zu konstruierende Feigheit, die mich vom Selbstmord abhielt, sondern nur die gleichfalls in Sinnlosigkeit endigende Überlegung: ›Du, der Du nichts tun kannst, willst gerade dies tun? Wie kannst Du den Gedanken wagen? Kannst Du Dich morden, mußt Du es gewissermaßen nicht mehr. U. s. w.‹ Später kam langsam noch andere Einsicht hinzu, an Selbstmord hörte ich auf zu denken. Was mir nun bevorstand, war, wenn ich es über verwirrte Hoffnungen, einsame Glückzustände, aufgebauschte Eitelkeiten hinweg klar dachte [...]: ein elendes Leben, elender Tod. ›Es war, als sollte die Scham ihn überleben‹ ist etwa das Schlußwort des Proceßromans.

Ich kann nicht mehr weiterschreiben. Ich bin an der endgiltigen Grenze, vor der ich vielleicht wieder Jahre lang sitzen soll, um dann vielleicht wieder eine neue, wieder unfertig bleibende Geschichte anzufangen. Diese Bestimmung verfolgt mich. Ich bin auch wieder kalt und sinnlos, nur die greisenhafte Liebe für die vollständige Ruhe ist geblieben. Und wie irgendein gänzlich vom Menschen losgetrenntes Tier schaukele ich schon wieder den Hals und möchte versuchen für die Zwischenzeit wieder F. [Felice Bauer] zu bekommen. Ich werde es auch wirklich versuchen, falls mich die Übelkeit vor mir selbst daran nicht hindert.

[...] Unbedingt weiterarbeiten [am Roman], es muß möglich sein trotz Schlaflosigkeit und Bureau.

Franz Kafka, Brief an Max Brod, geschrieben um den 20. November 1917, während der Arbeit am »Proceß«; sowie Tagebucheinträge vom 30. November und 2. Dezember 1914

II Inhaltsangabe

[1] Verhaftung (S. 9–25)

Am Morgen seines dreißigsten Geburtstags dringen zwei Unbekannte in das Schlaf- und Wohnzimmer des in leitender Position tätigen Bankangestellten Josef K. ein und erklären ihn für verhaftet. Sie stellen sich als Wächter Franz und Willem vor und hindern K. vorläufig daran, das Zimmer, das er zur Miete in der Pension einer Frau Grubach bewohnt, zu verlassen. Unter welcher Anschuldigung K. steht, wird nicht mitgeteilt. Obwohl seiner äußeren Freiheit beraubt, ist K. geneigt, das Ganze als einen groben Spaß seiner Bankkollegen abzutun. Alle Versuche, Genaueres von den beiden Wächtern zu erfahren, scheitern jedoch. Nach einiger Zeit wird er zum Verhör vor einen Aufseher gerufen, der sich im benachbarten Zimmer – das seit kurzer Zeit von einem Fräulein Bürstner, einer Schreibmaschinistin, bewohnt wird – niedergelassen hat. Auch von diesem Aufseher erfährt K. den Grund seiner Verhaftung nicht; ihm wird nur mitgeteilt, dass ein Prozess gegen ihn anhängig sei, er jedoch weiterhin seinem Beruf und seinem gewohnten Leben nachgehen könne. K. schließt daraus, dass seine seltsame Verhaftung nichts sonderlich Beunruhigendes sein könne. Mit Erlaubnis des Aufsehers verlässt er zusammen mit drei Kollegen, die das Gericht einbestellt hat, um durch deren Begleitung seine verspätete Ankunft in der Bank möglichst unauffällig zu halten, das Haus.

[2] Gespräch mit Frau Grubach. Dann Fräulein Bürstner (S. 26–40)

Gewöhnlich verbringt Josef K. nach einem kleinen Spaziergang seine Abende mit Bekannten – meist älteren Herrn – in einer Bierstube; einmal in der Woche besucht er eine Kellnerin namens Elsa, zu der er offensichtlich eine sexuelle Beziehung unterhält. An diesem Abend seines dreißigsten Geburtstags begibt er sich aber direkt nach Hause, um zunächst ein Gespräch mit seiner Pensionswirtin zu führen. Er will wohl von ihr erfahren, welchen Eindruck die Verhaftung auf sie gemacht und ob sie dadurch ein nachteiliges Bild von K. bekommen hat. Das Zweite bestreitet sie; über das Erste äußert sie sich nur unklar. Danach wendet sich das Gespräch dem Fräulein Bürstner zu. Frau Grubach wirft ihr vor, gegenüber Männern zu wenig zurückhaltend zu sein, was bei K. auf heftigen Widerspruch stößt; das Gespräch endet mit einem Missklang.

K. beschließt, wach zu bleiben und Fräulein Bürstner noch vor dem Schlafengehen abzupassen. Als sie schließlich nach halb zwölf Uhr aus dem Theater kommt, überredet er sie trotz ihrer Müdigkeit zu einem Gespräch in ihrem Zimmer. Er schildert ihr die morgendliche Szene seiner Verhaftung und des Verhörs in ihrem Zimmer so lebhaft, dass der im Wohnzimmer nächtigende Neffe der Pensionswirtin, ein Hauptmann, sich gestört fühlt und ungehalten an die Tür klopft. K. sichert Fräulein Bürstner zu, er werde sie vor allen Unannehmlichkeiten schützen, die ihr aus diesem nächtlichen Beisammensein erwachsen könnten, und bedeckt plötzlich ihr Gesicht mit Küssen. Darauf lässt er sie allein und geht zu Bett. Vor dem Einschlafen denkt er über sein Verhalten nach; er ist mit sich zufrieden, meint aber, er müsste eigentlich noch zufriedener sein, als er sich fühlt.

[3] Erste Untersuchung (S. 41–58)

K. wird telefonisch für den folgenden Sonntag zu einer ersten kurzen Untersuchung seines Falls einbestellt. Widerwillig, jedoch entschlossen, durch seine Teilnahme dem Prozess schon in seinen ersten Anfängen ein Ende zu machen, findet er sich an der angegebenen Adresse ein, verliert sich aber

Erste Untersuchung: Anthony Perkins als Josef K. in dem 1962 unter der Regie von Orson Welles entstandenen Film »Le Procés«.

zunächst auf der Suche nach dem Untersuchungszimmer in den Fluren und Stockwerken eines ärmlichen fünfstöckigen Mietshauses und gelangt erst mit mehr als einstündiger Verspätung in einen von Menschen überfüllten, stickigen und halbdunklen Sitzungssaal im obersten Stockwerk. Er tritt vor den Untersuchungsrichter, der das Verhör mit der Frage eröffnet, ob er der Zimmermaler sei. K. stellt diesen Irrtum richtig – nein, er sei vielmehr erster Prokurist einer großen Bank – und setzt in seiner anschließenden Rede zu einer großen Abrechnung mit dem Gericht an, dem er jede Legitimation abspricht. Auch glaubt er zu durchschauen, dass es geheime Absprachen zwischen dem wenig vertrauenswürdig erscheinenden Richter und dem ebenfalls nur dem Schein nach neutralen Publikum gibt, und spricht diesen Verdacht offen aus, um die Versammelten bloßzustellen und das Spiel zu beenden. In seiner Anklagerede gegen das Gericht wird K. durch das Kreischen eines Mannes unterbrochen, der eine

Frau in einen Winkel des Saals gezogen hat und an sich drückt. Trotz dieser Störung bringt K. seine Rede zu Ende und bahnt sich durch die in überraschter Stille verharrenden Zuhörer seinen Weg zum Ausgang. Dort erwartet ihn indes schon der Untersuchungsrichter. Er belehrt K. darüber, dass er sich mit seinem Verhalten nur selber geschadet habe, denn ein Verhör sei für den Verhafteten immer sehr wertvoll. K. antwortet mit einer verächtlichen pauschalen Herabsetzung der Versammelten und eilt die Treppe hinunter, den anschwellenden Lärm der zu neuem Leben erwachten Menge im Gerichtssal hinter sich lassend.

[4] Im leeren Sitzungssaal. Der Student. Die Kanzleien (S. 59–84)

Obwohl K. keine weitere Vorladung erhalten hat, begibt er sich am folgenden Sonntag wieder in den Sitzungssaal, den er aber leer vorfindet. Die Frau, die der Mann eine Woche zuvor an sich gedrückt hatte, tritt zu ihm. Sie ist mit einem Gerichtsdiener verheiratet, was sie aber nicht daran hindert, K. zu verstehen zu geben, wie sehr er ihr gefalle, und ihm ihre Hilfe anzubieten; insbesondere habe sie Einfluss auf den Untersuchungsrichter. K. wehrt ihre Avancen zunächst ab, lässt dann aber seine Bedenken gegen die Frau fallen, als er sich vorstellt, wie der in sie verliebte Untersuchungsrichter spätnachts, wenn er sich nach mühsamer Beschäftigung mit den Akten von K.s Fall zu ihr schleicht, ihr Bett leer vorfindet; leer deshalb, weil diese Frau mit ihrem üppigen, gelenkigen, warmen Körper K. gehört.

In dieser Rachephantasie wird K. empfindlich durch den Rechtsstudenten Bertold gestört, der die Frau des Gerichtsdieners am Sonntag zuvor bereits während K.s Rede belästigt hat und nun plötzlich wieder in der Tür des Sitzungszimmers steht. Die Frau des Gerichtsdieners lässt sich nicht nur auf eine vertrauliche Unterhaltung mit ihm ein, sondern wehrt sich auch nicht dagegen, dass er sie, obwohl von kleinem Wuchs und schwächlich wirkend, auf seinen Händen davonträgt. Es helfe nichts, ruft sie K. zu, der eine Weile neben den beiden herläuft und den Studenten dabei halbherzig attackiert, der Untersuchungsrichter lasse sie holen, ihr bleibe keine Wahl. K. gesteht sich ein, dass dieser Zwischenfall die erste zweifellose Niederlage darstellt, die er im Umgang mit dem Gericht einstecken muss.

Der Student trägt die Frau eine schmale hölzerne Treppe hinauf, die zum Dachboden führt. Nähertretend bemerkt K. einen Zettel, auf dem in kindlich ungeübter Schrift vermerkt ist, dass es hier zu den Gerichtskanzleien gehe. Während K. sich noch wundert, kommt der Gerichtsdiener, der ihm gleich offen sein Leid klagt – ihn schicke man sogar am Wochenende mit unwichtigen Aufträgen los, um sich desto leichter an seine Frau heranmachen zu können – und ihm anschließend anbietet, ihm die Kanzleien auf dem Dachboden zu zeigen. (Später erfährt K., dass fast auf allen Dachböden Gerichtskanzleien untergebracht seien.) K. nimmt an und lässt sich die Gänge entlangführen, an denen die in Verschlägen aus Holzlatten untergebrachten Kanzleien liegen, vor denen auf Holzbänken erschöpfte Angeklagte sitzen. K., der in der Erwartung mitgekommen ist, dass sich dieses Gerichtswesen in seinem Inneren als ebenso widerlich erweisen werde, wie es sich bereits nach außen hin gezeigt habe, überfallen in der schlechten Luft Schwindel und Übelkeit; gänzlich matt und entkräftet lässt er sich von einer Schreibkraft und einem weiteren Vertreter der Gerichtsbehörde, dem ausnehmend elegant gekleideten sogenannten Auskunftgeber, zum Ausgang führen, wo er sich in der etwas besseren Luft, die bereits auf der Treppe herrscht, erstaunlich schnell wieder von seinem Schwächeanfall erholt.

[5] Der Prügler (S. 85–92)

An einem der folgenden Abende – über der Arbeit ist es spät geworden, und außer K. befinden sich nur noch zwei Diener im Gebäude – geht K. einen Gang im Bankgebäude entlang, als durch eine Tür ein Seufzen zu ihm dringt. Er öffnet sie. In einer Rumpelkammer stehen drei Männer: seine beiden Wächter Franz und Willem vom Morgen der Verhaftung und ein in Leder gekleideter Dritter, der eine Rute in der Hand hält. Franz und Willem sollen geprügelt werden, weil K. sich beim Untersuchungsrichter über sie beschwert habe. Die beiden tun K. leid; er bittet den Prügler, sie zu verschonen, und versucht erfolglos, ihn mit Geld zu bestechen. Die beiden müssen sich entkleiden; Franz, der sich niederkniend an K.s Arm klammert, wird als Erster geprügelt; er schreit jämmerlich. K. befürchtet, dass die Diener auf sie aufmerksam werden könnten, und stößt Franz zurück, der daraufhin theatralisch in sich zusammensinkt, ohne dadurch jedoch den Schlägen zu entgehen. Von diesem Schauspiel abgestoßen, stürzt K. zurück auf den Gang, schlägt die Tür zur Rumpelkammer hinter sich zu und lenkt die herbeieilenden Diener mit der Lüge ab, ein Hund auf dem Hof habe gejault. Flüchtig kommt ihm der Gedanke, er hätte sich selbst ausziehen und dem Prügler als Ersatz für die Wächter anbieten sollen; aber er verwirft diese Idee aufgrund der Überlegung, dass er als Angeklagter für die Dauer seines Verfahrens wohl für alle Gerichtsangestellten unantastbar sein müsse. Den Stoß, den er Franz zu seinem Bedauern versetzt hat, entschuldigt er als Folge der Aufregung, in der er sich befunden habe. Als er am Abend des folgenden Tages auf dem Nachhauseweg erneut die Tür zur Rumpelkammer öffnet, bietet sich ihm zu seinem Entsetzen wieder genau der gleiche Anblick der jammernden und um Hilfe flehenden Wärter. Fassungslos wirft K. die Tür augenblicklich zu und fordert die Bankdiener, den Tränen nahe, dazu auf, die Rumpelkammer endlich auszuräumen; man versinke ja im Schmutz. Die Diener versprechen, den Auftrag am nächsten Tag zu erledigen.

[6] Der Onkel. Leni (S. 93–115)

Eines Nachmittags drängt sich plötzlich K.s Onkel Karl, der seit zwanzig Jahren als kleiner Grundbesitzer auf dem Lande lebt, in K.s Büro. K. fühlt sich ihm als seinem früheren Vormund besonders verpflichtet. Dabei ist ihm der bei seinen Stadtbesuchen stets gehetzt auftretende Oheim eigentlich lästig; insgeheim nennt er ihn »das Gespenst vom Lande«. Der Onkel hat durch einen Brief seiner Tochter Erna von dem Prozess gegen K. erfahren. Er zeigt sich besorgt und unzufrieden mit K.s seiner Meinung nach zu laxer Einstellung gegenüber dem Prozess, den er für eine große Schande hält, wirft ihm mangelnde Rücksicht auf seine Familienangehörigen vor, rät K., für einige Zeit Urlaub von seinen Bankgeschäften zu nehmen und ihn zur Erholung aufs Land zu begleiten, und fährt mit ihm schließlich zu dem Armenadvokaten Huld, den er noch von seiner Schulzeit her kennt. Im Automobil lässt sich der Onkel genau von der Sache unterrichten. K. gibt überaus offen Auskunft. Allerdings erwähnt er Fräulein Bürstner nur einmal kurz, was er vor sich mit dem Argument verteidigt, dass sie ohnehin nichts mit der Sache zu tun habe.

Der Onkel und K. finden den Advokaten krank und geschwächt im Bett liegend vor; er wird von einem Mädchen namens Leni bedient. Auch der Advokat zeigt sich bereits über den Prozess gegen K. unterrichtet; überdies trifft sich, dass gerade ein Angehöriger des Gerichts, der Herr Kanzleidirektor, bei ihm zu Besuch ist. Die drei älteren Herren haben eben begonnen, sich angeregt zu unterhalten, als aus dem Vorzimmer Lärm herüberdringt. Es klingt, als sei Porzellan zerbrochen. K. verlässt die Herren mit der Begründung, nachsehen zu wollen, was geschehen ist, und stößt auf Leni, die ihm ihre Hilfe anbietet und sich im Mondlicht an ihn drängt, woraufhin er sie auf seinen Schoß setzt. Halb verwundert stellt er fest, dass er Helferinnen anwerbe: zuerst Fräulein Bürstner, dann die Frau des Gerichtsdieners und nun diese kleine Pflegerin, die ihn rätselhafterweise so sehr zu begehren scheine. Leni vergleicht sich anhand einer Photographie, die K. bei sich trägt, mit der Kellnerin Elsa, mit der K. ein loses Verhältnis hat und von der bisher nur flüchtig im zweiten Kapitel die Rede war. Befriedigt weist Leni darauf hin, dass sie einen körperlichen Fehler hat, den Elsa nicht besitzt, nämlich ein fast bis zum obersten Gelenk von Mittel- und Ringfinger ihrer rechten Hand reichendes Verbindungshäutchen. K. ist beeindruckt und fasziniert. Zum Abschluss ihrer Begegnung gibt Leni K. einen Hausschlüssel und fordert ihn auf, zu kommen, wann immer er wolle.

Als K. vor das Haus tritt, stürzt der Onkel aus einem Automobil hervor. Er wirft K. vor, seiner eigenen Sache fürchterlich geschadet zu haben, indem er sich mit dem schmutzigen kleinen Ding, das ganz offenkundig die Geliebte von Huld sei, stundenlang verkrochen habe, ohne auch nur einen Vorwand dafür zu suchen; und ihn, seinen Onkel, lasse er ungerührt hier im Regen stehen.

[7] Advokat. Fabrikant. Maler (S. 116–172)

Zu Beginn des ersten Teils des umfangreichen Kapitels, das an einem Wintervormittag in K.s Büro einsetzt, hängt K. trüben Gedanken über den stockenden Gang seines Prozesses und die wenig energische Art, in der der Advokat Huld seine Interessen vertritt, nach. Er hat das Gefühl, von Huld, auch wenn sich dieser in seiner Sache zweifellos redlich bemüht, doch immer wieder nur mit allgemeinen Erklärungen über die Schwierigkeiten, die zu überwinden seien, und ebenso allgemeinen Erfolgsmeldungen hingehalten zu werden, ohne dass etwas Entscheidendes passiert. Nicht einmal eine erste Eingabe ist bisher erfolgt.

Das Eintreten eines Fabrikanten, der mit K. eine geschäftliche Besprechung vereinbart hat, beendet als unwillkommene Störung seine Grübeleien. K. ist jedoch so unkonzentriert, dass der mit ihm rivalisierende Direktor-Stellvertreter die Verhandlungen an sich zieht und den Fabrikanten in sein Büro entführt. Dieser kehrt danach jedoch noch einmal zu K. zurück, um ihm im Vertrauen mitzuteilen, dass er ebenfalls über K.s Prozess unterrichtet ist. Mitfühlend und unter Hinweis auf ihre bisherige vertrauensvolle Beziehung als Geschäftsfreunde empfiehlt er K., sich an einen zufälligen Bekannten von ihm, den Kunstmaler Titorelli zu wenden, der schon viele Mitglieder des Gerichts porträtiert habe und ihm, auch wenn er selbst möglicherweise über keinen sonderlichen Einfluss verfüge, doch zumindest sicherlich raten könne, wie er den Angehörigen des Gerichts gegenüber auftreten solle. K. überlässt daraufhin drei weitere Geschäftsleute, die schon länger auf ihn gewartet haben, ebenfalls dem Direktor-Stellvertreter, verlässt mit dem guten Gefühl, einen Schritt in seiner Sache unternehmen zu können, die Bank und macht sich unverzüglich auf den Weg zum Maler, der, wie sich herausstellt, in einer besonders ärmlichen Vorstadt wohnt, die sich an einem ganz anderen Ende der Stadt befindet als das Viertel, in dem die ihm bisher bekannten Gerichtskanzleien untergebracht sind.

Das ausführlich wiedergegebene Gespräch mit Titorelli in dessen winziger Einzimmerwohnung wird mehrfach durch eine Schar lästiger, auf dem Gang vor der Tür lauschender halbwüchsiger Mädchen unterbrochen, die mit dem Kunstmaler offenbar gut befreundet sind. Sie nehmen an, dass K.

gekommen sei, um sich porträtieren zu lassen, und erkundigen sich ungeduldig, wann er wieder weggehe. Titorelli lässt K. nicht nur auf seinem Bett – als der einzigen freien Sitzmöglichkeit – Platz nehmen, sondern drückt ihn sogar tief in das Bettzeug hinein. Ausgangspunkt des nun folgenden Gesprächs ist Titorellis Frage, ob K. unschuldig sei. Auf K.s Antwort hin, er sei vollständig unschuldig, senkt der Maler zunächst nachdenklich den Kopf, bietet sich ihm dann aber als Helfer an und verspricht großartig, er allein werde ihn da herausholen. Zu diesem Zweck informiert er K. über drei verschiedene Möglichkeiten der Befreiung: die wirkliche Freisprechung, die scheinbare Freisprechung und die Verschleppung des Prozesses. Einen Helfer benötige K. nur für die scheinbare Freisprechung und die Verschleppung, während er sich bei der wirklichen Freisprechung allein auf seine Unschuld verlassen könne bzw. müsse.

Trotz der wortreichen Erklärungen Titorellis kann sich K. für keine der beiden anderen Möglichkeiten erwärmen, da sie zwar, wenn sie erfolgreich angewandt werden, die Verurteilung des Angeklagten verhindern, aber keine Aussicht eröffnen, sich jemals ganz von dem Zugriff des Gerichts zu befreien. Am Ende des Besuchs kauft K. Titorelli, um sich für dessen Beratung erkenntlich zu zeigen, drei von dem Kunstmaler angefertigte, vollkommen identische Heidelandschaften ab, die er später in seinem Büro in der untersten Schublade seines Schreibtischs verschwinden lässt. Er verlässt Titorellis Atelier, ohne eine Entscheidung über seine zukünftige Verteidigungsstrategie getroffen zu haben, durch einen zweiten Ausgang, der, wie sich zu seiner Verblüffung zeigt, direkt auf einen Dachbodengang führt, auf dem weitere Gerichtskanzleien untergebracht sind. Auch hier herrscht die unerträgliche Luft, die K. schon von seinem Besuch der Kanzleien am anderen Ende der Stadt her kennt.

[8] Kaufmann Block. Kündigung des Advokaten (S. 173–206)

Das Geschehen dieses Kapitels spielt mit Ausnahme des ersten Absatzes in der Wohnung des Advokaten Huld. K. hat sich endlich entschlossen, ihm die Vertretung zu entziehen, und klingelt am späteren Abend an dessen Tür. Ihm wird nach einigem Zögern von einem kleinen, dürren, unvollständig bekleideten Mann geöffnet – K. erhascht gerade noch einen Blick auf die im Unterhemd davonlaufende Leni –, der sich als Kaufmann Block vorstellt und, wie sich zeigt, bereits ein langjähriger Klient des Advokaten Huld ist. Nach einem kurzen Gespräch mit Leni, die er verdächtigt, die Geliebte des alten Block zu sein, wendet sich K. dem Kaufmann zu, den er anfangs beleidigend geringschätzig behandelt hat, der ihm aber nun, als er zu erzählen beginnt, immer stärkere Anteilnahme und Achtung einflößt. Er erfährt, dass Blocks Prozess schon seit über fünf Jahren anhängig ist; dass er außer Huld noch fünf weitere sogenannte Winkeladvokaten mit seiner Vertretung beauftragt hat (wovon Huld nichts wissen darf); dass er fast jeden Tag im Wartezimmer des Gerichts verbringt und infolgedessen seine Geschäftstätigkeit inzwischen stark zurückgegangen ist; dass er gleichwohl in seinem Verfahren keinen Fortschritt erkennen kann; dass dies aber durchaus nichts Ungewöhnliches sei, da es noch kein Angeklagter jemals gewagt habe, die Festsetzung der Hauptverhandlung einzufordern, geschweige denn durchzusetzen.

Die eintretende Leni meldet, dass der Advokat auf K. warte. Als dieser dem erschrocken reagierenden Block erklärt, er wolle dem Advokaten das Mandat entziehen, versucht Leni vergeblich, ihn am Zutritt zum Schlafzimmer zu hindern; doch K. sperrt Leni aus, sodass er und der Advokat bei dem nachfolgenden Gespräch zunächst alleine sind. Huld nimmt die Kündigung des Mandats durch K. anscheinend mit Gleichmut auf, warnt K. jedoch vor einer Übereilung und hält ihm vor, ihm sei möglicherweise nicht bewusst, dass er vom Gericht zu gut, besser gesagt nachlässig oder zumindest scheinbar nachlässig behandelt werde. Zur Veranschaulichung seiner Behauptung führt Huld K. am Beispiel des Kaufmanns Block, den er hierzu herbeirufen lässt, vor, wie eine weniger nachsichtige Behandlung aussieht: Block wird gedemütigt, indem beispielsweise Leni genaue Auskunft über sein Wohlverhalten erteilen muss. Auch demütigt er sich bereitwillig selbst, indem er etwa am Bett des Advokaten niederkniet und mit einer Hand vorsichtig das Federbett streichelt. Diese Vorstellung empfindet K. als entwürdigend. Er spricht es gegenüber Block auch aus, der darauf wütend und feindselig reagiert und sich nicht in seiner Haltung gegenüber Huld beirren lässt.

Angesichts des hündischen Verhaltens von Block begreift K. nicht, wie der Advokat hat annehmen können, ihn durch diese Vorführung zu veranlassen, weiter sein Klient zu bleiben. Trotzdem wohnt er bis zum Schluss des recht unvermittelt abbrechenden Kapitels der Szene bei, ohne selbst einzugreifen, und hört prüfend und nachdenklich zu, als sei er beauftragt, alles genau zu beobachten, um einer höheren Stelle darüber zu berichten und die Sache dort zur Anzeige zu bringen.

[9] Im Dom (S. 207–233)

K. hat den Auftrag erhalten, einem italienischen Geschäftsfreund seines Arbeitgebers einige Kunstdenkmäler der Stadt zu zeigen. Es ist ein sehr regnerischer und stürmischer Morgen, als K. müde und ärgerlich bereits um sieben Uhr im Büro erscheint, nachdem er die halbe Nacht für die Auffrischung seiner Italienischkenntnisse geopfert hat. Er wird kurz darauf in das Direktionszimmer gerufen und vereinbart in Gegenwart des Direktors mit dem bereits anwesenden Italiener, ihn in zwei Stunden, etwa um zehn Uhr, im Dom zu treffen. Kurz bevor er die Bank verlässt, wird er durch einen Anruf von Leni aufgehalten, die sich nach seinem Befinden erkundigt. Obwohl K. sich dadurch verspätet, heißt es, K. sei pünktlich um elf (!) im Dom eingetroffen, wo er aber den Italiener nicht vorfindet. Allein in dem dunklen Kirchenschiff wird K. nach einer Weile durch einen stummen Kirchendiener vor eine kleine Nebenkanzel geführt, die alsbald ein Geistlicher besteigt. K. strebt bereits dem Ausgang zu, als der Geistliche ihn laut bei seinem Namen ruft. Er überlegt, ob er einfach weitergehen solle. Dann aber wendet er aus Neugierde den Kopf nach dem Geistlichen und weiß sofort, dass er nun keine Wahl mehr hat: Er hat zu erkennen gegeben, dass er den Ruf gehört hat, und muss folglich umkehren.

Das nachfolgende Gespräch zwischen dem noch recht jungen Geistlichen, der sich als der Gefängniskaplan des Gerichts vorstellt, und K. beansprucht den Rest des Kapitels. Darin eingelassen sind die von dem Geistlichen erzählte Geschichte des Mannes vom Lande, der zum Türhüter kommt, um von ihm den Eintritt in das Gesetz zu erbitten, und die Auslegungen dieser Geschichte, von der K. sich zwar sofort sehr stark angezogen fühlt, deren verschiedene Deutungsmöglichkeiten ihn aber auch verwirren und ermüden. So erklärt er schließlich, fortgehen zu müssen, da man in der Bank auf ihn warte; was ihn jedoch nicht daran hindert, auch seiner leisen Verwunderung und Enttäuschung darüber Ausdruck zu verleihen, dass der Geistliche, der so freundlich zu ihm gewesen sei und ihm alles erklärt habe, ihn nun so einfach entlasse, als sei er ihm gleichgültig. Der Geistliche entgegnet, das Gericht wolle nichts von ihm. Es nehme ihn auf, wenn er komme, und entlasse ihn, wenn er gehe. Mit dieser Auskunft schließt das Kapitel.

[10] Ende (S. 234–239)

Am Vorabend seines einunddreißigsten Geburtstags – also fast genau ein Jahr nach seiner Verhaftung – wird K. gegen einundzwanzig Uhr von zwei bleichen, übergewichtigen Herren in Gehröcken und Zylinderhüten zu seiner Hinrichtung abgeholt; K. hat die Herren, ohne dass ihm ihr Erscheinen angekündigt worden ist, im schwarzen Anzug erwartet. Ernüchtert registriert er, dass seine Henker wie drittklassige Schauspieler wirken. Seine Fragen scheinen sie zu überfordern, sodass K. den Versuch, Auskünfte von ihnen zu erhalten, schnell wieder aufgibt.

Zu dritt – die beiden hängen sich links und rechts dicht bei K. ein – nehmen sie ihren Weg durch die Stadt, wobei sie eine Zeit lang dem zufällig vor ihnen auftauchenden Fräulein Bürstner folgen, überqueren dann auf einer Brücke den Fluss und erreichen einen Steinbruch außerhalb der Stadt, die Hinrichtungsstätte. Hier lehnen die beiden Herren K., nachdem sie ihm Rock, Weste und Hemd ausgezogen haben, rücklings an einen Stein, betten, so gut es geht, seinen Kopf darauf und reichen einander sodann, während sie von K. als widerlich empfundene Höflichkeiten austauschen, über seinen Kopf hinweg ein langes, dünnes, beiderseitig geschärftes Fleischermesser hin und her. K. spürt, dass es jetzt seine Pflicht wäre, das Messer zu ergreifen und sich selbst in den Leib zu stoßen; doch er bringt dies nicht über sich. In einem nahe gelegenen Wohnhaus zuckt an einem Fenster Licht auf. K.s Überlegungen, was das zu bedeuten habe, finden jedoch ein jähes Ende. Denn nun ergreift der eine Herr K. mit beiden Händen bei der Gurgel, während der andere ihm das Messer ins Herz stößt und dort zweimal herumdreht. Mit brechenden Augen blickt K. seine Henker an, die sein Sterben Wange an Wange aus nächster Nähe beobachten. Wie ein Hund!, ist K.s letzter, schamerfüllter Gedanke.

Fragmente

Die unvollendet gebliebenen Kapitel »B.'s Freundin« (S. 240 bis 248), »Staatsanwalt« (S. 248–255), »Zu Elsa« (S. 255–257), »Kampf mit dem Direktor-Stellvertreter« (S. 257–261), »Das Haus« (S. 261–265) und »Fahrt zur Mutter« (S. 265–268) werden in ihrem Inhalt hier nur ganz knapp referiert, da sie das Romangeschehen zwar um einige Aspekte bereichern, ihm insgesamt aber keine neue Dimension hinzufügen:

»B.'s Freundin« ist die Freundin von Fräulein Bürstner (aus dem zweiten Kapitel). Sie heißt hier Fräulein Montag (vgl. S. 241), übersiedelt in deren Zimmer und hat im Wesentlichen die Aufgabe, Josef K. in der nun schon bekannt komplizierten Weise mitzuteilen, dass Fräulein Bürstner ihn nicht zu einer zweiten Aussprache, um die K. sie brieflich gebeten hat, zu sehen wünsche, dass er sich über diese Absage aber ja keine Gedanken machen solle.

Der »Staatsanwalt« Hasterer gehört zu der Stammtischgesellschaft überwiegend älterer Herren, die der Leser ebenfalls im zweiten Kapitel kennengelernt hat (vgl. S. 26). Hasterer würdigt K. seiner besonderen Aufmerksamkeit, was diesem teils schmeichelhaft, teils peinlich ist, weil Hasterer ihn auch ausführlich in seine Frauengeschichten einweiht. Dem Direktor kommt der Mann nicht ganz einwandfrei vor.

»Zu Elsa« (auch sie wurde eingangs des zweiten Kapitels erwähnt) fährt K., weil er dem Gericht damit demonstrieren will, dass ihm dessen Anweisungen gleichgültig sind. Es handelt sich um die einzige Stelle im ganzen Buch, an der er in seinen früheren ›Normalzustand‹ vor der Verhaftung zurückkehrt: »Von da an« – nämlich vom Augenblick an, in dem K. dem Kutscher Elsas Adresse zugerufen hat – »vergaß K. allmählich an das Gericht und die Gedanken an die Bank begannen ihn wieder wie in frühern Zeiten ganz zu erfüllen.« (S. 256 f.) Eine kurze Zeit lang ist er ›ganz der Alte‹.

Der »Kampf mit dem Direktor-Stellvertreter« ist ein Stück literarischer Hochkomik (vgl. S. 114f. dieses Bands). Geschildert wird, wie K.s Strategie, seinen Konkurrenten durch eine geniale Geschäftsidee an die Wand zu drücken, an dessen konzentrierter Geistesabwesenheit abblitzt.

»Das Haus« ist der Sitz des Amts, von dem nach Auskunft Titorellis (der demnach schon als Figur eingeführt wäre) die erste Anzeige gegen Josef K. ergangen ist. K. bekommt es nie zu Gesicht, bevölkert es aber in seinen Tagträumen mit einem Gewimmel teils bekannter, teils unbekannter Menschen, die sich in fremdartig-sonderbaren Kostümierungen durch endlose Gänge bewegen.

»Die Fahrt zur Mutter«, für die K. im Büro einen zweitägigen Urlaub erbittet, wäre die einzige gewesen, die ihn aus der Stadt hinausgeführt und damit die räumliche Begrenzung des Geschehens auf diesen Schauplatz durchbrochen hätte. Ob Kafka das Kapitel deshalb unvollendet ließ?

III Analyse und Deutung

1 Form

Kafkas einsinniges Erzählen

Kafkas Erzähltechnik ist eine besondere Form des *personalen* Erzählens. Personales Erzählen liegt dann vor, wenn aus der deutlich erkennbaren Bindung an die Wahrnehmungs- und Erlebnisperspektive einer Figur erzählt wird. Dies ist zum Beispiel in jeder Ich-Erzählung der Fall. Ein Ich, das von sich erzählt – von einem Abenteuer, das es erlebt hat, einem Unfall, einer glücklichen oder unglücklichen Begegnung –, tut dies immer aus *seiner* Perspektive. »Kannst du dir vorstellen, wie erschrocken ich war!«, sagt es etwa. Oder: »Ich wusste in diesem Augenblick überhaupt nicht, was ich sagen sollte – so perplex war ich.« Das *erzählende* Ich vermittelt uns, wie das *erlebende* Ich empfunden und reagiert hat. Das ist auch dann der Fall, wenn sich der Erzähler in eine dritte Person hineinversetzt; wenn der Erzähler also nicht mit dem Pronomen ›ich‹, sondern mit dem Pronomen ›er‹ oder ›sie‹ auf diese Person Bezug nimmt. »Keiner sah ihr an, dass sie mit ihren Gedanken völlig woanders war – am wenigsten ihr Lehrer, der sie gerade in diesem Augenblick an die Tafel rief. Na klar, dachte sie, während sie nach vorne stolperte: Es genügte nicht, per SMS abserviert zu werden; jetzt konnte sie sich auch noch eine Fünf in Mathe einfangen. Ein toller Tag.« Auch hier sind wir mit der Wahrnehmungs- und Erlebnisperspektive einer Figur konfrontiert, in deren Inneres uns der Erzähler Einblick gewährt. Was hingegen beispielsweise der Mathematiklehrer denkt, bleibt unbekannt.

Ein so an die Perspektive *einer* Figur gebundenes Erzählen heißt »einsinniges Erzählen« (Beißner, S. 37), und um ein solches einsinniges oder monoperspektivisches Erzählen der

Form nach handelt es sich auch in Kafkas *Proceß*-Roman. »Jemand mußte Josef K. verleumdet haben, denn ohne daß er etwas Böses getan hätte, wurde er eines Morgens verhaftet.« (S. 9) Aber: Bei Kafka erweckt der Erzähler den Eindruck, als sei diese perspektivische Bindung des Erzählens an das Erleben und Urteilen einer Figur inhaltlich gerade nicht gegeben. Wir lesen den zitierten Satz und denken: Welches Unrecht! – K. hat nichts Böses getan, gleichwohl wird er verhaftet, also muss er doch wohl verleumdet worden sein. Genau dieser Schluss stimmt jedoch nicht. Wir haben es auch hier mit einem personalen Erzählen zu tun; aber mit einem, dessen figurenperspektivische Bindung *verdeckt* bleibt und gerade *nicht* offengelegt werden soll. Es wird beim Leser der *Eindruck* erweckt, K. habe nichts Böses getan. Tatsächlich möchte K. sich zu diesem Zeitpunkt nur keiner Schuld *bewusst* sein. Eben diese Urteilsbindung an das Ich-Bewusstsein der Figur Josef K. bleibt erzählerisch unmarkiert, ja mehr noch: Sie wird *verschleiert* durch ein Bewusstsein, das sich unbefangen und ›objektiv‹ zu geben versucht.

Warum greift Kafka zu diesem Erzählverfahren? Das hat mit dem Thema des Romans zu tun und führt bereits ins Zentrum seiner Deutung (vgl. S. 77–86 dieses Bands). Kafka stellt einen Menschen dar, der unversehens mit dem Gedanken konfrontiert wird, dass mit seinem ganzen Leben etwas Entscheidendes nicht stimmt. Dieser Gedanke begleitet Josef K. vom ersten bis zum letzten Satz des Romans. Er lebt mit ihm buchstäblich ein ganzes Jahr: vom Morgen seines dreißigsten bis zum Vorabend seines einunddreißigsten Geburtstags. So hartnäckig, wie dieser Gedanke ist, so unangenehm und quälend ist er auch, denn K. sträubt sich dagegen, einzusehen, was er falsch gemacht haben soll. Er findet, dass der gegen ihn erhobene unbestimmte Vorwurf in jedem Fall haltlos ist. Natürlich ist die Vorstellung, ein verfehltes Leben zu

Szenenbild aus Andreas Kriegenburgs Inszenierung von Kafkas »Proceß« an den Münchner Kammerspielen aus dem Jahre 2008.

führen, für jeden Menschen bedrückend und belastend, denn sie verlangt ja, mit sich umfassend ins Gericht zu gehen, um Klarheit über sein Leben zu gewinnen. Vor dieser Klarheit fürchtet sich K. Das ist genau das Thema von Kafkas Roman: der innere Konfikt zwischen der undeutlich gefühlten Notwendigkeit, sich mit diesem Vorwurf auseinanderzusetzen, und der Scheu vor dieser Auseinandersetzung. Kafka stellt die innere Welt des schlechten Gewissens dar. Josef K. sieht sich mit einem Schuldvorwurf konfrontiert, den er ständig abzuweisen, zu entkräften oder auch nur zu verdrängen versucht. Eben diese Vorgänge spiegeln sich im Erzählen wieder. Kafkas einsinniges Erzählen ist die erzählerische Rekonstruktion des schlechten Gewissens. Es beschreibt die verschiedenen Wege, die Josef K. in den zehn Kapiteln des *Proceß*-Romans beschreitet, um jenem lastenden Schuldvorwurf teils zu entgehen, teils ihm entgegenzutreten.

Der Prozess gegen Josef K. als innerer Vorgang

Der Vorwurf, sein Leben zu verfehlen, und die Verteidigung gegen diesen Vorwurf bestimmen aber nicht bloß die Technik des einsinnigen Erzählens. Von diesem Grundkonflikt ist auch ganz wesentlich die Gewichtung zwischen äußeren und inneren Vorgängen betroffen. *Äußere Vorgänge* sind solche, die sich in der raumzeitlich bestimmbaren Wirklichkeit vollziehen und von jedem Beobachter gut wahrnehmbar sind: der Aufenthalt im Büro oder in einer Gaststube etwa; ein Spaziergang durch die Stadt, die Fahrt in einem Automobil; eine Verabredung im Dom. *Innere Vorgänge* hingegen sind solche, die sich nicht in der äußeren, sondern in der inneren Wirklichkeit eines Menschen ereignen: Gedanken, Empfindungen, Gefühle.

Entscheidend für das Verständnis von Kafkas Roman ist, dass hier alles Äußere, so detailscharf und realistisch ›gesehen‹ es auch erscheint, ganz im Dienst der Darstellung eines Inneren steht. Auch der Prozess, der gegen Josef K. geführt wird, ist in Wirklichkeit ein *innerer Prozess*. Die ganze Konstruktion eines anonymen Gerichts, das Verfahren von Anklage und Verteidigung, die Suche nach Rechtsbeiständen und Helferfiguren, ja sogar die Verhandlungsräume und Gerichtskanzleien sind nichts anderes als erzählerische Mittel, um die Auseinandersetzung, in die Josef K. unversehens verwickelt ist, in ihren inneren Abläufen darstellbar und anschaulich werden zu lassen. Kafkas Erzählen ist damit ein *Übersetzungsgeschehen*: Kafka übersetzt das, was im Innern Josef K.s abläuft, ins Äußere, um es anschaulicher zu gestalten und ihm das Eigengewicht eines der Figur selbstständig gegenübertretenden Geschehens verleihen zu können. Das bedeutet aber für den Leser: Will er die Logik hinter diesen Vorgängen erkennen, so muss er sie aus dem Äußeren ins Innere *rückübersetzen*. In den äußeren Wegen, die K. im Roman zurücklegt, muss er die inneren Wege erkennen, die K. in seinen Gedanken beschreitet. In den äußeren Instanzen, die K. anklagen und gegen die er sich verteidigt, muss er die inneren Instanzen seines Ichs erkennen. In den äußeren Räumen, in denen K. sich aufhält, muss er die Spiegelung seiner inneren Befindlichkeiten erkennen. Solche Verräumlichungen eines inneren Geschehens nehmen gewissermaßen eine Bemerkung Sigmund Freuds beim Wort, der einmal erklärt hat: »Das Ich ist nicht Herr im eigenen Haus« (*Eine Schwierigkeit der Psychoanalyse*, 1917). Mit diesem Bild hat Freud zum Ausdruck bringen wollen, dass es das theoretische Verständnis psychischer Vorgänge und Konflikte erleichtert, wenn man sie sich als ein räumliches Geschehen vorstellt, in dem verschiedene ›obere‹ und ›untere‹ Instanzen mit unterschiedlichen Strebungen und Interessen miteinander im Konflikt liegen, bei dem aber auch manches aus dem aktuellen Konfliktgeschehen herausgenommen und in tiefere Schichten verlagert (›verdrängt‹) wird. Auch Josef K. macht bei seinen Besuchen vor Gericht, die in abgelegenen Dachkammern und Verschlägen untergebracht sind, immer wieder diese Erfahrung, nicht »Herr im eigenen Haus« zu sein.

Wenn alles, was mit dem Prozessgeschehen zu tun hat, im Wesentlichen ein *inneres* Geschehen ist, stellt sich die Frage, was sich denn in dieser Zeit tatsächlich in der *äußeren* Welt des Josef K. zugetragen hat. Vermutlich ist das nicht viel. Selbst bei der Hinrichtung am Ende wird unter dieser Perspektive fraglich, ob es sich wirklich um einen äußeren Vorgang handelt, an dessen Ende wir uns eine Leiche im Steinbruch denken müssen, oder nicht vielmehr um das ›Einfrieren‹ einer Bewegung durch den Autor als Erzähler, mit dem ein innerer, letztlich ergebnislos gebliebener Prozess zum Stillstand gebracht wird – vergleichbar dem Ende eines Films, bei dem eine in sich zu kreisen beginnende Ereignisfolge abrupt durch ein Standbild abgestoppt wird. »Weder bringt dieses Ende eine Wende, noch eine Lösung der zentralen Problemstellung [...]. Es ist lediglich der Punkt, an dem die Darstellung abbricht.« (Alessandra Haupt)

Innere Gattungsvielfalt

Kafkas *Proceß* gilt gemeinhin als Roman. Das ist eine zutreffende, wenn auch recht unspezifische Einordnung, da so ziemlich jede erzählende Wiedergabe eines fiktiven Geschehens in einer Darstellung von mindestens mittlerem Umfang als Roman bezeichnet werden kann. Gerade im Hinblick auf die Thematik von Schuld, Recht und Gesetz lassen sich jedoch noch weitere Gattungsbezüge erschließen, die in Kafkas *Proceß* eingegangen sind, nämlich 1. zur Novelle, 2. zur Komödie und 3. zur Parabel sowie zum theologischen Kommentar.

1. Eine Novelle ist eine abgeschlossene Erzählung mittleren Umfangs, die ein konflikthaftes Geschehen in der Konzentration auf wenige Figuren und Schauplätze entfaltet und dieses zu einem glücklichen oder katastrophischen Ende führt. Verbunden wird damit zugleich der Anspruch, eine »sich ereignete, unerhörte Begebenheit« darzustellen, wie es Goethe mit Bezug auf eine eigene *Novelle* betitelte Erzählung formuliert hat *(Gespräche mit Eckermann)*. ›Unerhört‹ kann dabei im Wortsinn des italienischen Wortes »novella« (Neuigkeit) heißen, dass hier etwas erzählt wird, das den Zuhörern oder Lesern bisher unbekannt war; es kann aber auch heißen, dass das dargestellte Geschehen ›unerhört‹ im Sinn des Normbrechenden, Tabuverletzenden, Außerordentlichen ist. In dieser Bedeutung wohnt der Novelle eine Tendenz zum Extremen, ja zum Exzessiven inne, wie sie in einigen Novellen des von Kafka intensiv studierten Erzählers und Dramatikers Heinrich von Kleist (1777–1811) zum Ausdruck kommt.

Der *Proceß* ist diesem Gattungsprofil novellistischen Schreibens in Teilen erkennbar verpflichtet. Sogleich bei Beginn der Niederschrift fixierte Kafka nämlich zusammen mit dem Anfang das Ende des Geschehens, den Tod im Steinbruch; damit teilte er seiner Erzählung erstens die für die Novelle spezifische *Abgeschlossenheit* des Weltausschnitts und der Vorgangsdarstellung mit. Den Anspruch, eine »sich ereignete«, das heißt in der *Alltagswirklichkeit* verankerte und nicht in einer romanhaften Phantasiewelt angesiedelte Begebenheit darzustellen, bekräftigt Kafka zweitens durch die Detailgenauigkeit seiner Beschreibungen. Allerdings interpretiert er mit ihnen den Charakter der Wirklichkeit neu: Sie erscheint nicht als überschaubar und geordnet, sondern als albtraumhaft. Dieser Wirklichkeitscharakter wiederum wirkt auf die Gestaltung des *Erzählvorgangs* zurück: Er steht nicht mehr im Dienst literarischer Ordnungsfindung und Sinnstiftung, sondern wird Mitvollzug einer fundamentalen, bis zum Schluss unbewältigten *Desorientierung* und inneren *Desintegration*. Der *Formanspruch* der Novelle wird mithin durch die Gestaltung des Erzählvorgangs *unterlaufen*. Dies gelingt Kafka – neben der erwähnten Aufmerksamkeit auf das befremdlich wirkende Detail – vorzugsweise durch ein weiteres erzählerisches Gestaltungsmittel, nämlich die *Theatralisierung des Geschehens* im Rückgriff auf komödienhafte Elemente.

2. Seit jeher ist die Komödie die gegenüber der Tragödie spezifisch ›niedere‹ Gattung gewesen, und zwar nicht nur in Bezug auf das handelnde Personal – einfache Bürger, schlichte Handwerker, Diener und Narren – sowie die sprachlichen Gestaltungsmittel und die Gegenstände ihrer Komik, sondern auch hinsichtlich des gegenüber der Tragödie vermeintlich anspruchsloseren Wirkungsziels: der Entlastung von Figuren und Zuschauern durch den versöhnlichen Schluss und das

befreiende Lachen. Gerade das harmlos Lustspielhafte der Komödie aber verwehrt Kafka sowohl dem Leser als auch seiner Hauptfigur. Nicht nur objektiv, mit Blick auf das kompositorisch von vornherein fixierte finstere Ende, ist im *Proceß*-Roman alles Komödienhafte ins Zeichen des Niederen und in den Niedergang Führenden gestellt. Auch Josef K. selbst erscheint das Geschehen am Ende als Schmierentheater mit tödlichem Ausgang: »Alte untergeordnete Schauspieler schickt man um mich [...] Man sucht auf billige Weise mit mir fertig zu werden«, denkt er beim Anblick der schwarzgekleideten Herren, die ihn, »bleich und fett, mit scheinbar unverrückbaren Cylinderhüten«, zu seiner Hinrichtung abholen, und er wendet sich unvermittelt an sie mit der Frage: »An welchem Teater spielen Sie«? (S. 234)

Auch die Theatralisierung des Geschehens in der Eingangsszene des Romans, die mit ihrer Verhaftung Josef K.s aus dem Bett heraus an Kleists Komödie *Der zerbrochne Krug* erinnert, bedient sich in Personal und Charakterzeichnung komödiantischer Elemente. K. wird der unfreiwillige Hauptdarsteller eines Zimmertheaters, auf das sich die neugierigen Blicke eines alten Paars aus dem Haus gegenüber richten.

> Durch das offene Fenster erblickte man wieder die alte Frau, die [...] zu dem jetzt gegenüberliegenden Fenster getreten war, um auch weiterhin alles zu sehn. [...] drüben sah er die alte Frau die einen noch viel ältern Greis zum Fenster gezerrt hatte, den sie umschlungen hielt; K. mußte dieser Schaustellung ein Ende machen [...]. Im gegenüberliegenden Fenster lagen wieder die zwei Alten, doch hatte sich ihre Gesellschaft vergrößert, denn hinter ihnen sie weit überragend stand ein Mann mit einem auf der Brust offenen Hemd, der seinen rötlichen Spitzbart mit den Fingern drückte und drehte. (S. 10, 15 und 18 f.)

Madeleine Renaud und Jean-Louis Barrault in Barraults Inszenierung von André Gides Bühnenbearbeitung des »Proceß«-Romans (vgl. Seite 118 dieses Bands) am Pariser Théâtre Marigny (1947).

K. empfindet diese Zurschaustellung als belastend und peinlich, wie ja überhaupt der ganze Vorgang der Verhaftung das genaue Gegenstück einer befreienden Entlastung ist. Die Zeugen seiner Verhaftung werden zu Figuren der Überwachung, zu einem Überwachungsverein, der sich um ihn herum zusammenschließt.

Woher kommt diese negative Besetzung des Komödiantischen? Sie findet sich schon in privaten Zeugnissen Kafkas. Gegenüber Felice bezeichnet er gelegentlich sich selbst als Komödianten, sein eigenes Verhalten als Komödie: »Ich [...] bin gänzlich gefühllos, ebenso hilflos, denke an die Störung einiger meiner Bequemlichkeiten und spiele als einziges Zugeständnis etwas Komödie. [...] Mit [...] einem Kopfschmerz (Erdenrest des Komödianten) endet der Tag.« (T 1914–1923, S. 164, vgl. Liebrand 1998, S. 203.) Komödiespielen ist der Inbegriff aller Verhaltensweisen, die dem Direkten, Geradlinigen,

Aufrichtigen, Gefühlstiefen entgegengesetzt sind, von dessen Anforderungen Kafka sich überfordert sah. Mit ihm soll die Empfindung einer schweren menschlichen Unzulänglichkeit überspielt werden.

3. Innerhalb des *Proceß*-Romans stellt die Geschichte des Mannes vom Lande, der zu dem Türhüter kommt und um Eintritt in das Gesetz bittet (vgl. S. 223–225), eine Ausnahme dar. Sie hat einen gleichnishaften Charakter, der sich sonst an keiner Stelle des Romans findet, und ähnelt jenen Lehrerzählungen, die als Parabeln bezeichnet werden. Das Wort Parabel kommt aus dem Griechischen *(parabolé)* und bedeutet »Vergleichung; in der Septuaginta, der ältesten griechischen Übersetzung der jüdischen Bibel, Übersetzung von hebräisch *maschal* mit dem weiten Bedeutungsspektrum Spruch, Sprichwort, Rästel, Sentenz, Gleichnis, Exempel, Fabel, Allegorie«. Der Sache nach handelt es sich um eine »kurze, fiktionale Erzählung in Vers oder Prosa, die durch Transfersignale dazu auffordert, einen anderen als den wörtlichen, nämlich einen in irgendeiner Weise lebensbedeutsamen Sinn in ihr zu suchen« (MLL, S. 566). Beispiele solcher Gleichniserzählungen in der Bibel sind die Geschichten vom barmherzigen Samariter (Lk 10, 25 bis 37), vom verlorenen Sohn (Lk 15, 11–32) oder von den bösen Weingärtnern (Mt 21, 33–46).

Gerade weil Josef K. zu jenen Menschen gehört, die dankbar dafür sind, wenn sie sich »keine Predigt« (S. 223) anhören müssen, ist er von der Geschichte vom Mann vom Lande »stark angezogen« (S. 225). Er fühlt sich von ihr betroffen und reagiert »sofort« (ebenda), mit einer für ihn sonst ungewohnten Lebhaftigkeit, auf sie. Offensichtlich versteht er sie als Parabel im Sinn der zitierten Definition: als eine Erzählung, die ihn dazu »auffordert«, einen »in irgendeiner Weise lebensbedeutsamen Sinn in ihr zu suchen«.

Indessen gestaltet sich diese Sinnsuche für Josef K. ausgesprochen mühsam. Während das Verständnis der biblischen Gleichniserzählungen zuweilen schon durch einen einleitenden Hinweis wie »Das Himmelreich gleicht einem Menschen, der …« (Mt 13, 24) oder »Das Himmelreich gleicht einem Senfkorn, das …« (Mt 13, 31) erleichtert wird, sieht K. sich im nachfolgenden Gespräch mit dem Geistlichen in eine Fülle von Deutungen verstrickt, die die eigentlich »einfache« oder zumindest ihm einfach erscheinende Geschichte »unförmlich« (S. 231) werden lassen. Es scheint, als überwuchere der Kommentar den Grundtext. Verstellt er also den Zugang zum Verständnis der Geschichte, von der der Geistliche sagt, er habe sie »im Wortlaut der Schrift« (S. 225) erzählt? Lenkt er vom Wesentlichen ab, das nur darauf wartet, von K. in einem beherzten Zugriff ergriffen zu werden? Oder warnt er im Gegenteil vor einer das Verständnis vorschnell fixierenden Deutung? Manches von dem, was der Geistliche sagt, weist in diese Richtung. »Du hast nicht genug Achtung vor der Schrift und veränderst die Geschichte«, hält er ihm vor (S. 226), und er ermahnt ihn: »Sei nicht übereilt« (S. 225).

Fest steht, dass sich die Geschichte des Mannes vom Lande und ihre nachfolgenden Auslegungen auf *zwei unterschiedliche Textmodelle* beziehen lassen. Das erste ist das der jüdischen Legenden und Erzählungen, wie es Kafka, der sich seit 1911 stärker mit der Welt des Judentums beschäftigt hatte, beispielhaft in den von Martin Buber herausgegebenen *Geschichten des Rabbi Nachmann* (1906) und der *Legende des Baalschem* (1908) entgegentrat. Sie entsprechen der Erzählung des Mannes vom Lande als einer (vermeintlich) »einfache[n] Geschichte« (S. 231). Ihre ungleich kompliziertere Kommentierung folgt einem zweiten Textmodell, dem des jüdischen *Talmud* (hebr. »Belehrung«, »Studium«). Ihm zugrunde liegt die *Mischna* (hebr. »Wiederholung«), eine Sammlung der wichtigsten Religionsgesetze des rabbinischen Judentums, die nach der Zerstörung Jerusalems im Jahre 70 nach Christus für die in der Diaspora lebenden Juden zusammengestellt wurde. Diese um 220 nach Christus abgeschlossene Sammlung wurde in der Folgezeit von verschiedenen jüdischen Gelehrten durch ein umfangreiches Kommentarwerk ergänzt, eben den *Talmud*, von dem Kafka eine Auswahlausgabe besaß (vgl. Robertson, S. 142) und der in vollständigen Ausgaben fast 10000 Seiten umfasst. Charakteristisch für den Denkstil des *Talmud* ist der Dialog zwischen verschiedenen Lehrmeinungen, die sich zu einer Auslegungstradition verbinden. Dieser Denkstil spiegelt sich auch im äußeren Erscheinungsbild des *Talmud* wider: Der Text der *Mischna*, der sich in der Mitte jeder Seite befindet, wird von verschiedenen Kommentarstreifen umrahmt (siehe die Abbildung auf der gegenüberliegenden Seite). Grundtext und Kommentar schließen sich zu einem großen Schriftfeld zusammen. Das ›Ursprüngliche‹ ist demnach in der unendlichen Geschichte seiner unterschiedlichen Auslegungen aufgehoben; vielleicht auch: im ständigen Fortschreiben am Entzug des ›Eigentlichen‹. Wäre man seiner habhaft geworden, bräuchte es keinen Kommentar mehr.

Kafka hat also mit Parabel und Kommentar modellhaft das Einfache *und* das Komplizierte nebeneinandergestellt. Er hat weder auf das eine noch auf das andere verzichten wollen. Josef K. kommt damit nicht zurecht; er empfindet dieses Nebeneinander als eine unerfreuliche Komplizierung des Einfachen: »Die einfache Geschichte war unförmlich geworden, er wollte sie von sich abschütteln« (S. 231). »[S]ie« – das sind wohl nicht nur die »ungewohnte[n] Gedankengänge in die sie ihn führte« (ebenda), sondern das ist die Geschichte selbst. K. möchte sie am liebsten vergessen. Er kapituliert.

Das ist das eigentliche Ende dieses *inneren* Prozesses. Was danach folgt und im Schlusskapitel erzählt wird, hat nur noch den Charakter eines Nachspiels. So, als äußeres Nachspiel, hat Kafka es auch gestaltet, obwohl er das »Ende« vor dem »Dom«-Kapitel geschrieben hat: Josef K. »erwartet« (S. 234) seine Henker.

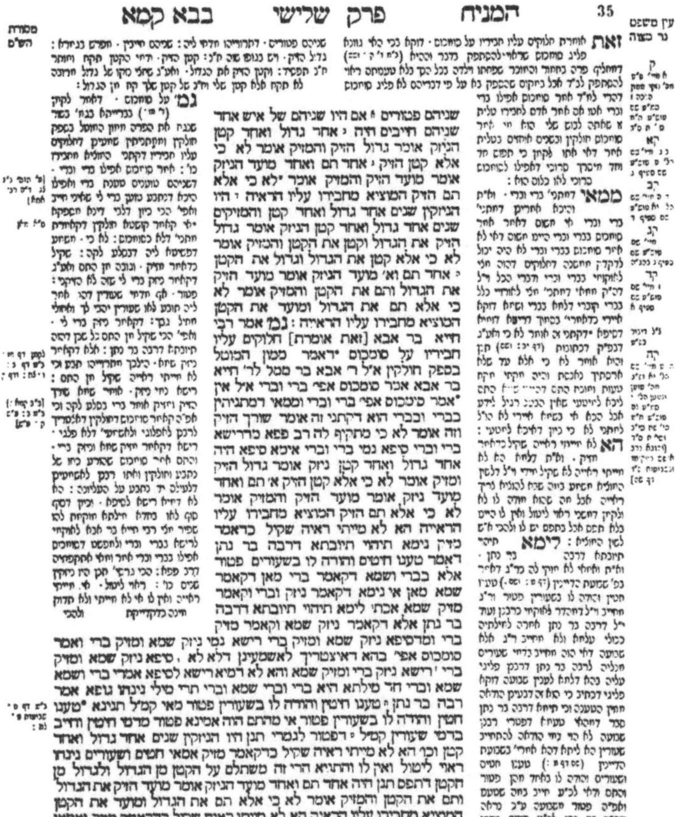
בבא קמא שלישי פרק המניח 35

Seite aus dem Baba Kamma, dem ersten Teil des Talmud.

2 Figuren

Im Mittelpunkt des *Proceß*-Romans steht der Angeklagte Josef K. Alle anderen Personen existieren nur im Hinblick auf ihn. Sie werden in bestimmten, sehr begrenzten Ausschnitten vorgeführt, bleiben unselbstständig und entwickeln kein Eigenleben: Während Josef K. in sämtlichen Kapiteln auftritt, begegnet (mit Ausnahme des Advokaten Huld) kaum einer dieser Nebenfiguren dem Leser ein zweites Mal. In dieser Reihung isoliert bleibender Auftritte liegt gewiss eine kompositorische Schwäche des Romans, die auf eine erzählerische Begrenztheit Kafkas deutet. Ist sie aber vielleicht auch ein Hinweis darauf, dass Josef K. keine stabilen, dauerhaften Beziehungen eingehen kann?

Josef K.

Wie viele andere Gestalten Kafkas, zum Beispiel Gregor Samsa in der *Verwandlung*, und wie Kafka selbst ist auch Josef K. Angestellter und Junggeselle. Er ist 30 Jahre alt und hat sich »allein [...] durchschlagen müssen« (S. 19). Sein Äußeres wird nicht eigens beschrieben. Seine Abende verbringt er am Stammtisch (vgl. S. 26). Sonst erfahren wir wenig über seine persönlichen Lebensumstände, über Vorlieben und Freizeitgewohnheiten. Er behält etwas Schemenhaftes.

Die Beziehungen zu seiner Mitwelt sind teils familial und teils sexuell, ganz überwiegend aber beruflich bedingt. *Familiale Bindungen* sind bei K. nur schwach vorhanden. Seine Mutter hat er seit fast drei Jahren nicht mehr gesehen (vgl. S. 265), und der Onkel, dem er »als seinem gewesenen Vormund besonders verpflichtet war« (S. 93), ist für K. eine ausgemachte Plage. »Das Gespenst vom Lande« nennt er ihn insgeheim (S. 93), und schon der Gedanke an sein Kommen jagt ihm einen Schrecken ein.

Wichtiger sind die *beruflichen Beziehungen* zu den Bürodienern, dem mit ihm rivalisierenden Direktor-Stellvertreter und dem Direktor selbst. Zu diesem hat Josef K. jedoch selten Zugang; er befürchtet sogar, dass der Direktor dem Einfluss seines Stellvertreters unterliege (vgl. S. 137 f.). Damit ergeht es ihm wie den meisten ›Helden‹ Kafkas: Meistens bleiben sie auf einer Zwischenebene endloser Vermittlungen stecken und kämpfen ergebnislos gegen die Vertreter einer nur ›geliehenen‹ Autorität, die im Namen der oberen, in der Regel ungreifbar bleibenden Instanzen sprechen und handeln. Verallgemeinert bedeutet das: Das Prinzip der Repräsentation – nur *Stellvertretung* zu sein für etwas, das das ›Eigentliche‹ ist – ist dabei, dieses ›Eigentliche‹ zu verdrängen. Es gibt kein Ende der Vermittlungen. Die Instanzenrede, das Sprechen *im Namen* eines Anderen, der selbst nicht mehr spricht, ist unhintergehbar geworden. Manche Interpreten meinen, dass dieser Befund auch für die Texte Kafkas selbst gelte und nicht nur für die Welt, die sie beschreiben.

Die *sexuellen Beziehungen* Josef K.s sind nicht in eine gefühlstiefe Liebesbeziehung integriert. Sie sind ein abgespaltener und unerfüllter Teil seines Daseins. Das Verhältnis, das er zu der Kellnerin Elsa unterhält, gleicht einer auf Dauer gestellten Form der Gelegenheitsprostitution.

Trotz der »hohen Stellung«, zu der er sich »in verhältnismäßig kurzer Zeit« emporgearbeitet hat (S. 129), ist Josef K. im Beruf von Ängsten und Sorgen geplagt. Von »frühe[r] Stunde« (S. 116) bis neun Uhr abends (vgl. S. 26) im Büro präsent, fürchtet er den Neid der Kollegen und sorgt sich um die Gunst des Chefs. Ist so schon das berufliche Selbstwertgefühl K.s wenig stabil, so wird auch sein inneres Selbstgefühl durch den Verlauf des Prozesses zunehmend erschüttert. Josef K. gesteht sich ein, auf ihn »wenig vorbereitet« (S. 29) gewesen zu sein. Bisher hat er sich immer hinter seiner Geschäftigkeit verschanzen können. »In der Bank z. B. bin ich vorbereitet, dort könnte mir etwas derartiges unmöglich geschehn, ich habe dort einen eigenen Diener, das allgemeine Telephon und das Bureautelephon stehn vor mir auf dem Tisch, immerfort kommen Leute, Parteien und Beamte; außerdem aber und vor allem bin ich dort immerfort im Zusammenhang der Arbeit, daher geistesgegenwärtig […]« (S. 29). Diese im Beruf behauptete Geistesgegenwart versagt aber in der Konfrontation mit sich selbst. Sie erweist sich als brüchige Scheinsicherheit. Zwischen der Fassade der Berufsroutine, die er nach außen hin gegenüber seinen Kollegen und Geschäftskunden aufrechterhält, und K.s innerem Zustand öffnet sich ein immer größerer Riss. Vor allem seit dem grauenvollen Blick im Kapitel »Der Prügler« in das Chaos seines Inneren, diese »Rumpelkammer« (S. 91), in der alles im »Schmutz« (S. 92) versinkt, wirkt K. gebrochen, müde und erschöpft (vgl. S. 116).

Frau Grubach

Frau Grubach ist die Zimmervermieterin K.s (vgl. S. 9). So unauffällig und gewöhnlich wie ihr Name erscheint sie als Person. Ihre massive Körperlichkeit irritiert K.; als er nach dem Verhör im ersten Kapitel die Wohnung verlässt und sie ihm die Tür öffnet, sieht er, »wie so oft, auf ihr Schürzenband nieder, das so unnötig tief in ihren mächtigen Leib einschnitt« (S. 24). Mit dieser Leibesfülle wirkt Frau Grubach weniger fraulich als vielmehr bedrohlich. Weitere Eigenschaften werden ihr nicht zugeordnet. In Kontrast zu dieser Kargheit steht die Bemerkung, dass ihr Wohnzimmer mit »Möbeln Decken Porzellan und Photographien« (S. 10) überfüllt sei. Was der Erzähler der Figur an Innenleben verweigert, erstattet er ihr scheinbar im Übermaß der ihr gehörenden Dinge zurück. Aber diese Verdinglichung der Figur ist keine Verlebendigung der Person. Auch Frau Grubach bleibt unpersönlich.

Fräulein Bürstner

Fräulein Bürstner ist eine »Schreibmaschinistin«, »die sehr früh in die Arbeit zu gehen pflegte, spät nachhause kam und mit der K. nicht viel mehr als die Grußworte gewechselt hatte« (S. 18). Auch an dem Abend der Verhaftung kehrt sie erst um halb zwölf aus dem Theater in die Pension zurück, in deren Vorzimmer K. seit neun Uhr (vgl. S. 33) auf sie gewartet hat. Warum ist es ihm so wichtig, mit ihr ins Gespräch zu kommen?

Offensichtlich ist sie als eine unverheiratete junge Frau für Josef K. attraktiv. Das signalisiert übrigens schon der Name, den Kafka ihr gegeben hat: »bürsten« hat im vulgären Sprachgebrauch die Nebenbedeutung von »sexuell verkehren« (vgl. Bornemann). Im Gegensatz zur korpulenten Frau Grubach ist sie schmal und vermittelt den Eindruck einer mit Zerbrechlichkeit gepaarten Eleganz (vgl. S. 32). Indem sie Josef K. in ihr Zimmer eintreten lässt, das gleichzeitig Wohn- und Schlafzimmer ist, gewährt sie ihm Eingang in ihre Privatsphäre. Sie lässt K. auf ihrer Ottomane Platz nehmen, während sie selbst, an den Bettpfosten gelehnt, aufrecht stehen bleibt, obwohl sie nach eigenem Bekunden »zum Hinfallen müde« (S. 33) ist, also eigentlich lieber gleich ins Bett sinken würde. Sie sei »wirklich neugierig«, was K. von ihr wolle, sagt sie und kreuzt dabei »leicht die Beine« (ebenda). In dieser Haltung verschränken sich Verlockung und Verweigerung. Überhaupt werden ihre Körperlichkeit und die Art, wie sie sich, »die flachen Hände tief an die Hüften gelegt« (S. 34), bewegt, von Josef K. aufmerksam registriert. Geradezu »ergriffen« ist er vom Anblick Fräulein Bürstners, als sie »das Gesicht auf eine Hand stützte – der Elbogen ruhte auf dem Kissen der Ottomane – während die andere Hand langsam die Hüfte strich« (S. 36). Diese nun schon vertraute Geste einer weniger absichtsvollen als gedankenverlorenen Körperlichkeit gewinnt noch dadurch an Reiz, dass Fräulein Bürstner nun offenbar selbst zumindest halb mit auf der Ottomane ruht – einem »nach Osman, dem Begründer des türkischen Herrscherhauses der Ottomanen« benannten »niedrige[n] Liegesofa« (Fremdwörterduden) –, womit die orientalische Welt der Serails und die damit klischeehaft verbundene Männerphantasie sexuell unbegrenzt verfügbarer Frauenkörper aufgerufen wird.

Tatsächlich kommt es in dem Gespräch, das K. im zweiten Kapitel mit Fräulein Bürstner führt, dreimal zu einer intensiven Annäherung der beiden. K. bittet zunächst um Entschuldigung dafür, dass fremde Leute Fräulein Bürstners Zimmer in Unordnung gebracht hätten. Sie fragt nach, ob wirklich ihr Zimmer gemeint sei, und schaut dabei K. »prüfend« an (S. 34). Als er diese für ihn unangenehme Wahrheit bestätigt – »Es ist so« –, begegnen sich ihre Blicke, »und nun«, wie als eine Belohnung für K.s Ehrlichkeit und in Erfüllung eines Verschmelzungswunsches von ihm, »sahen sich beide zum erstenmal in die Augen« (ebenda).

Die zweite Annäherung vollzieht sich vor Fräulein Bürstners Photographien. Einer der drei beim Verhör am Morgen anwesenden Bankbeamten hat sich an ihnen nach K.s Worten geradezu »vergangen«, indem er sie »wahrscheinlich« (S. 34) in die Hand genommen hat. Als Josef K. Fräulein Bürstner die Auskunft für den Grund seiner Verhaftung schuldig bleibt, reagiert sie verägert und entfernt sich von diesen Photographien, vor denen beide – wie der Leser nun nachträglich und zu seinem Erstaunen erfährt – »so lang vereinigt« (S. 35 f.) gestanden hatten.

Die erste Annäherung ist also durch den Blickwechsel, die zweite durch das technische Medium Photographie gestiftet; jeweils ist dabei nur ein Minimum an Körperlichkeit engagiert. Eine Steigerung stellt die dritte Annäherung dar: Sie ist eine körperlich vehemente Attacke auf Fräulein Bürstner.

Aufgescheucht von dem Lichtschein, der unter der Tür des Nachbarzimmers hervorkommt, läuft Josef K. »vor, faßte sie, küßte sie auf den Mund und dann über das ganze Gesicht, wie ein durstiges Tier mit der Zunge über das endlich gefundene Quellwasser hinjagt. Schließlich küßte er sie auf den Hals, wo die Gurgel ist, und dort ließ er die Lippen lange liegen.« (S. 39)

Der Vergleich mit dem durstigen Tier und dem endlich gefundenen Quellwasser zeigt, wie elementar und zugleich unerfüllt das Bedürfnis ist, das Josef K. an die Seite Fräulein Bürstners treibt. Es ist das Bedürfnis nach Nähe, und zwar nach seelischer wie körperlicher Nähe. Aber nachdem die in jener kurzen Verschmelzung der Blicke erzielte seelische Nähe spätestens durch die Szene vor den Photographien wieder aufgehoben worden ist, bleibt nur die körperliche Nähe; und selbst diese wird Josef K. nicht freiwillig geschenkt. Er muss sie sich holen, und er holt sie sich in einer Mischung aus Gier und Verzweiflung. So erklärt sich in der sprachlichen Beschreibung dieses Vorgangs der Zug ins Gewaltsame: Das Raubtier springt die verletzliche Gurgel des Beutetiers an. Hinter den Lippen lauern die Zähne, zum Reißen bereit.

Diener, Gehilfen, Handlanger

Im Märchen gibt es Helferfiguren. Das sind Menschen oder Tiere, die den gutherzigen, aber armen oder vor eine unlösbare Aufgabe gestellten Helden unterstützen, sodass er die ihm auferlegte Bewährungsprobe bestehen und am Ende den begehrten Preis – in der Regel die schöne Braut – gewinnen und im Triumph heimführen kann. Darüber hinaus gibt es im Märchen den treuen Diener, der seinen Herrn in keiner Not im Stich lässt, ihn durch alle Gefahren hindurch begleitet und zuletzt, wenn alles wieder ins Gute und Reine gekommen ist, für seine treuen Dienste reich belohnt wird.

In der Welt des *Proceß*-Romans ist das, was die männlichen Figuren betrifft, alles anders. Hier sind alle Diener Angestellte einer Institution oder eines weitgehend gesichtslosen Apparats. Dieser Gesichtslosigkeit des Apparats verleihen die Diener in unterschiedlicher Weise Ausdruck:

Im ersten Fall erscheinen sie genauso blass und anonym, wie es der bürokratische Apparat ist, in dem sie ein funktionierendes Rädchen sind. Das sind zum Beispiel die Bürodiener in der Bank Josef K.s. Sie werden mit ihrer Funktionsbezeichnung (»Diener«) benannt und in der Ausübung ihrer Funktion nebenbei erwähnt, bleiben aber immer im Hintergrund. Allerdings fühlt sich K. von diesen gesichtslosen Dienern selbst beobachtet und gibt sich deswegen gelegentlich den Anschein, umgekehrt sie zu überprüfen (vgl. S. 92). So entsteht, auch ohne dass eine wirkliche Bedrohung vorhanden wäre, das Gefühl, in einem System verdeckter wechselseitiger Überwachung zu leben. Diener sind in Kafkas Welt mithin immer auch mögliche Aufseher, geheime Kontrolleure.

Eine zweite Gruppe von Dienern scheint zu versuchen, dem gesichtslosen Apparat, dem sie angehören, durch ihr Verhalten ein menschliches Gesicht zu geben. Sie betonen dabei aber zugleich immer wieder, wie undurchschaubar auch für sie dieser Apparat eigentlich sei. Sie versuchen also (ob vorgeblich oder tatsächlich, bleibt unentscheidbar), ihre Funktionsausübung um einen persönlichen Beziehungsaspekt zu ergänzen, stellen diese Beziehung aber gleichzeitig auf eine völlig undurchschaubare Grundlage, was zur Folge hat, dass Josef K. nun völlig verunsichert ist und damit vollends ›in der Luft hängt‹. Solche Diener sind Franz und Willem: »niedrige Angestellte« einerseits, »die sich in einem Legitimationspapier kaum auskennen und die mit Ihrer Sache nichts anderes zu tun haben, als daß sie zehn Stunden täglich bei Ihnen Wache halten und dafür bezahlt werden« (S. 14). Andererseits zeigen sie sich wie der Aufseher in ihren Äußerungen bestrebt, K.s Lage hin und wieder zu »erleichtern« (S. 23). Auch der ganz subalterne Gerichtsdiener aus dem Kapitel »Im leeren Sitzungssaal. Der Student. Die Kanzleien« gehört in diese Gruppe; er reicht K., »der es gar nicht erwartet hatte« (S. 71), die Hand – während der Aufseher (vgl. S. 22), aber auch Frau Grubach (vgl. S. 29) diesen von K. ersehnten Handschlag verweigern.

Den dritten Fall repräsentieren die zwei Herren, die K. »in Gehröcken, bleich und fett, mit scheinbar unverrückbaren Cylinderhüten« (S. 234) zur Hinrichtung abholen. In ihnen enthüllt sich die schreckliche Innenansicht des Apparats. Sie sind die stumpfsinnigen Schinder, ohne die kein totalitäres System funktioniert; diejenigen, die willig die Drecksarbeit ausführen. Darum ekelt sich Josef K. auch so vor der »Reinlichkeit ihrer Gesichter« (S. 235). Sie ist Ergebnis einer Säuberungsprozedur, die andere, blutige und grausame Prozeduren verdeckt: »Man sah förmlich noch die säubernde Hand, die in ihre Augenwinkel gefahren, die ihre Oberlippe gerieben, die die Falten am Kinn ausgekratzt hatte.« (Ebenda) So widerlich wie der Austausch ihrer todbringenden Höflichkeiten (vgl. S. 238) ist diese Reinlichkeit: In ihr nistet der Blutdunst der Schlachthäuser und Folterkeller.

Leni

Leni ist »Pflegerin« (S. 109) beim Advokaten Huld. Für den Onkel K.s ist sie »offensichtlich die Geliebte des Advokaten« (S. 114); als K. ihn das zweite Mal besucht, sieht er Leni »im Hemd davon[laufen]« (S. 174), und da ihm die ebenso »mangelhafte Bekleidung« (ebenda) des Kaufmanns Block auffällt, liegt für ihn der Schluss nahe, dass Leni auch mit Block ein Verhältnis habe. Gegenüber K. jedenfalls verhält sie sich völlig ungeniert. Sie setzt sich eng neben ihn (vgl. S. 109), duldet es, dass K. sie umfasst und an sich zieht (vgl. S. 111), und richtet sich zu K.s Verwunderung sogar »auf seinem Schooß« ein (ebenda), »als sei es ihr einzig richtiger Platz!« (S. 112) Schließlich kommt es zu einem Austausch von Zärtlichkeiten, die K. eher »flüchtig« (S. 113) spendet, während sie wilde Gier zeigt: Ähnlich wie Josef K. im zweiten Kapitel »wie ein durstiges Tier« (S. 39) über Fräulein Bürstner herfiel, »biß und küßte« Leni »seinen Hals, biß selbst seine Haare« (S. 113). Als erotische Rivalin betrachtet Leni jedoch nicht Fräulein Bürstner, von der sie nichts weiß, sondern Elsa, deren Photographie sie aufmerksam studiert (vgl. S. 112), um dann nach der Kussszene triumphierend selig auszurufen: »Sie haben mich eingetauscht [...], sehen Sie nun haben Sie mich doch eingetauscht!« (S. 113) K. lässt sich von ihr zu Boden ziehen (vgl. S. 113 f.); später blickt Huld auf den Teppich nieder, »vielleicht gerade auf die Stelle, wo K. mit Leni gelegen war« (S. 117).

Insgesamt erscheint Leni als eine Figur naturhaft gelebter promiskuitiver Sexualität: »Sie hängt sich an alle, liebt alle, scheint allerdings auch von allen geliebt zu werden« (S. 192), sagt Huld von ihr. Dass Leni damit in die (mit der biblischen Maria Magdalena anhebende) Gestaltenreihe der großen Liebenden und Sünderinnen gestellt wird, erklärt, warum sie K. ausdrücklich auf ihren »körperlichen Fehler« aufmerksam macht: das »Verbindungshäutchen«, das zwischen »Mittel- und Ringfinger ihrer rechten Hand [...] fast bis zum obersten Gelenk der kurzen Finger« reicht und von K. als »Naturspiel« bewundert wird. Diese Anomalie sichert ihre Unverwechselbarkeit *und* ihre Integrität: *Dieses* Häutchen bleibt intakt, trotz wiederholter Dehnungen. Mit einer »Art Stolz« kann sie deshalb zusehen, »wie K. staunend immer wieder ihre zwei Finger auseinanderzog und zusammenlegte« (alle Zitate S. 113): ein »Naturspiel« nicht bloß, sondern fürwahr ein Naturwunder an Unverletzbarkeit – und eine veritable Zote Kafkas.

Romy Schneider als Leni und Anthony Perkins als Josef K. in Orson Welles' Kafka-Verfilmung »Le Procès« (1962).

Kaufmann Block

Kaufmann Block ist schon seit mehr als fünf Jahren (vgl. S. 179) ganz seinem Prozess hingegeben. Neben dem Advokaten Huld beschäftigt er heimlich – denn es ist »nicht erlaubt [...], neben einem sogenannten Advokaten auch noch Winkeladvokaten zu nehmen« (S. 180) – fünf weitere Prozessvertreter und verhandelt soeben mit einem sechsten (vgl. ebenda). Früher füllten die Büroräume seines Getreidegeschäfts (vgl. S. 179) »fast ein Stockwerk, heute genügt eine kleine Kammer im Hinterhaus, wo ich mit einem Lehrjungen arbeite« (S. 180). Damit er auch in der Nacht (vgl. S. 189) vor Huld erscheinen kann, hat Leni ihm ihre Schlafkammer überlassen, einen »niedrigen fensterlosen Raum« (S. 189). In diesem Verlies verbringt Block die Zeit mit dem Studium seiner Prozessschriften. Dem Advokaten Huld ist er bis zur Hörigkeit ergeben; das hat aber nichts mit dessen »Huld« zu tun. Als dieser nämlich, seinem Klienten demonstrativ den Rücken zukehrend (vgl.

S. 198), ihn zu sich rufen lässt, kniet Block – unter gleichzeitiger Vollzugsmeldung: »Ich knie schon, mein Advokat« (S. 201) – neben dessen Bett nieder, küsst ihm wiederholt die Hand und wartet ängstlich darauf, dass Leni ihm ein günstiges Verhaltenszeugnis ausstellt (vgl. S. 202). Mehr noch als das demütigende Verhalten des also ganz fälschlich so benamten Dr. »Huld« empört Josef K. aufs Äußerste diese Selbsterniedrigung Blocks: »Das war kein Klient mehr, das war der Hund des Advokaten. Hätte ihm dieser befohlen, unter das Bett wie in eine Hundehütte zu kriechen und von dort aus zu bellen, er hätte es mit Lust getan.« (S. 203) Brav, Block!

Warum tut Block das alles? »Vor allem will ich doch meinen Proceß nicht verlieren, das ist doch selbstverständlich.« (S. 180) So selbstverständlich ist dieses Verhalten aber gar nicht. Zwar hat Block, anders als Josef K., der sich durch seine Verhaftung an seiner »gewöhnlichen Lebensweise nicht gehindert« (S. 23) sehen wollte, zugunsten des Prozesses, der kurz nach dem Tod seiner Frau (vgl. S. 179) einsetzte und damit auf einen Einschnitt mit krisenhaften Folgen in Blocks Leben hindeutet, seine berufliche Existenz ganz zurückgestellt: »Wenn man für seinen Proceß etwas tun will, kann man sich mit anderem nur wenig befassen.« (S. 180) Diese Einschränkung seiner *beruflichen* Selbstständigkeit führt aber nicht zum Gewinn einer größeren *inneren* Unabhängigkeit. Das Gegenteil ist der Fall: »[…] man wird […] sehr abhängig von seinem Advokaten« (S. 189), gesteht er Josef K. Die bedingungslose Hingabe *an* den Prozess und dessen skurrile Begleitumstände bewirkt keine größere Unabhängigkeit *durch* den Prozess. Blocks eigentliches Versagen scheint gerade darin zu liegen: Was ein Prozess der Emanzipation (vgl. S. 89 f. dieses Bands) und inneren Befreiung hätte werden können, verkehrt sich in eine Kette von Erniedrigungen und Demütigungen, die in hündischer Ergebenheit hingenommen werden.

Allerdings ist der Hund ein Sinnbild, das traditionell auch dem *melancholischen* Menschen zugeordnet wird. Ist Block – nach den Worten Lenis »ein bedauernswerter Mensch« und eine Ecce-Homo-Figur (»Sieh ihn nur an.« S. 176) – durch den Tod seiner Frau in eine schwere Depression geraten, die ihn jeden Selbstwertgefühls beraubte und ihn weitgehend arbeitsunfähig werden ließ? Die ihm selbst gar nicht bewusste (vgl. S. 174) Vernachlässigung seines Äußeren könnte jedenfalls ein Hinweis auf diese Erkrankung sein.

Advokat Dr. Huld; noch einmal Josef K.

Auch Huld, an dem Block seinerseits beobachtet hat, dass er sich »auf geradezu hündische Weise vor dem Gericht« demütigt (S. 184; vgl. auch S. 195), ist nach den Worten Lenis »sehr krank« (S. 177); deswegen braucht er ja auch eine Pflegerin und nicht bloß ein Hausmädchen. Er verlässt kaum mehr das Bett und lebt vorzugsweise im Dunkeln (vgl. S 103). Ob K. aus seinen weitschweifigen Ausführungen über das Gericht (vgl. S. 116–128) »Trost« oder »Verzweiflung« (S. 128) ziehen soll, bleibt diesem unklar; der fragwürdige Grundsatz des kranken Advokaten indes, es sei »oft besser in Ketten als frei zu sein« (S. 197), weckt den Verdacht, auch diese Reden seien nichts anderes als Ketten, mit denen er K. ebenso zu fesseln und an sich zu binden versuche, wie es ihm schon mit Block auf geradezu vollendete Weise gelungen ist.

Tatsächlich scheitert diese Strategie bei K. insofern, als dieser sein Mandat kündigt und ihm seine »Vertretung« entzieht (S. 193), was ein erster Schritt zu eigenständiger Selbstreflexion und verantwortlicher Selbstbehauptung sein könnte: Er möchte gerade nicht mehr in der »Huld« eines anderen stehen und von ihr abhängig sein. Die Verwirklichung seines in diesem Zusammenhang gefassten Vorsatzes, »eine kurze Lebensbeschreibung vor[zu]legen und bei jedem wichtigern

Ereignis [zu] erklären, aus welchen Gründen er so gehandelt hatte, ob diese Handlungsweise nach seinem gegenwärtigen Urteil zu verwerfen oder zu billigen war und welche Gründe er für dieses oder jenes anführen konnte« (S. 116), gelingt K. jedoch nicht. Der Entwurf einer solchen »Eingabe« (S. 130) wird durch seinen beruflichen Konkurrenten, den Direktor-Stellvertreter, buchstäblich durchkreuzt, als dieser zur Erklärung eines Börsenwitzes genau den Schreibblock benutzt, »der für die Eingabe bestimmt gewesen war« (S. 131). K. gelingt es also nicht, mit sich ›reinen Tisch‹ zu machen.

Titorelli

Der Maler mit dem Kunstnamen (vgl. S. 139) ist als Angehöriger sowohl der Sphäre der Kunst als auch der des Gerichts eine Mittlergestalt mit in sich widersprüchlichen Zügen. Als Gerichtskundiger erläutert er einerseits die Unterschiede eines Freispruchs erster, zweiter und dritter Klasse mit geradezu juristischer Präzision (vgl. S. 158–167). Im Widerspruch zu dieser intellektuellen Schärfe steht jedoch seine Mystifizierung des Gerichtswesens: Wie es bei dem obersten, »für uns alle ganz unerreichbare[n] Gericht« aussehe, »wissen wir nicht und wollen wir nebenbei gesagt auch nicht wissen« (S. 164). Ebenso widersprüchlich verhält er sich als Künstler. Dass Josef K. durch Titorellis Darstellung der Göttin der Gerechtigkeit andeutungsweise ein völlig neues Verständnis von Gerechtigkeit vermittelt wird (vgl. S. 93f. dieses Bands), zeigt, dass es sich hier um eine Leistung wahrhaft großer Kunst handelt. Andererseits sind die drei Bildchen, die der Maler K. verkauft, buchstäblich angestaubte (vgl. S. 169), einfallslose Motivwiederholungen derselben eintönigen Heidelandschaft. Solche Widersprüchlichkeiten zeigen: Titorelli ist die Figur, an der Kafka die Fragwürdigkeit *aller* Vermittlergestalten im *Proceß*-Roman am konsequentesten herausgearbeitet hat.

3 Gehalt

Schwere Lebenskrise

Die Geschichte Josef K.s ist die eines Menschen, der eine schwere Lebenskrise durchlebt. Ihn überfällt eines Morgens die bestürzende Ahnung, dass mit seinem ganzen Leben, wie er es bisher geführt hat, etwas Entscheidendes, Wesentliches nicht in Ordnung sei. Dieser Verdacht lässt ihn bis zum Ende des Romangeschehens nicht mehr los. Die Auseinandersetzung mit ihm definiert das gesamte Romangeschehen als ein wesentlich *inneres* Geschehen: Der Prozess, der gegen Josef K. geführt wird, ist ein innerer Prozess.

Strukturbildende Ambivalenz

Gegenstand der einzelnen Romankapitel sind die unterschiedlichen Verhaltensweisen, mit denen Josef K. diesem Selbstvorwurf begegnet. Diese Verhaltensweisen sind von einer strukturbildenden Ambivalenz geprägt. Das bedeutet: Sie weisen in zwei gegensätzliche Richtungen, zwischen denen Josef K. sich nicht entscheiden kann und denen er beiden (in unterschiedlichem Maß) nachgeht.

Die eine Richtung legt ihm nahe, den Vorwurf anzuerkennen, sich das Fehlerhafte seines bisherigen Lebens einzugestehen und den Versuch zu wagen, in ein neues Leben einzutreten. Dieser Weg ist schon darum nicht leicht, weil dafür zuerst herauszubekommen wäre, was denn an seinem Leben bisher so falsch gewesen sein soll, also selbst den Grund für eine Anklage nachzuliefern, die als peinlich, quälend und beängstigend empfunden wird.

Verlockender wäre darum, der anderen Richtung zu folgen: die Anklage rundweg abzustreiten und alle möglichen Wege zu suchen, auf denen sie entkräftet werden könnte. Andererseits hieße das, dauerhaft etwas zu verleugnen, das möglicherweise wie ein verborgener Krankheitsherd im Innern schlummert und irgendwann einmal mit tödlichen Folgen zum Ausbruch kommen könnte.

Josef K. kann sich bis zum Ende nicht für einen dieser beiden Wege der Konfliktbewältigung entscheiden. Wenn er schließlich im Steinbruch stirbt, so bedeutet das, übersetzt in einen inneren Bewusstseinszustand: K. erkennt, dass er aus der Widersprüchlichkeit der in ihm aufgebrochenen Strebungen nicht herausgefunden hat, dass er aber auch mit ihr nicht weiterleben will: »Dieses Leben scheint unerträglich, ein anderes unerreichbar.« (GW 6, S. 230) Sein Tod ist daher ein erschöpftes ›Nein‹ zu einem ›Weiter so‹, dem die Kraft zu einem großen ›Ja, aber anders‹ fehlt; und das Fehlen dieser Kraft ist die große Schwäche, die »Scham« (S. 239), die K. im Moment des Sterbens empfindet und von der er glaubt, dass sie das Einzige ist, das von ihm bleiben wird.

Konfrontation mit sich selbst

Dass Josef K. aus jener strukturbildenden Ambivalenz gegenläufiger Reaktionsweisen nicht herausfindet, bedeutet nicht, dass diese Reaktionsweisen im Text und über die Kapitelfolge hinweg gleichmäßig verteilt wären. Vielmehr überwiegen sowohl *in der Abfolge* wie *innerhalb* der einzelnen Kapitel ganz deutlich die Tendenzen der *Abwehr*. Sie dominieren in den Kapiteln 2 bis 4 sowie 6 und 7. Nur in den Kapiteln »Der Prügler« und »Im Dom« ist das nicht der Fall, allerdings in unterschiedlicher Weise. In dem Kapitel »Der Prügler« hält sich K. gerade da auf, wo er sich verhältnismäßig sicher fühlt, nämlich im Bürogebäude seiner Bank. Hier glaubt er, sich vor dem ihn quälenden inneren Prozess regelrecht abschotten zu können, indem er sich in seine Arbeit flüchtet, sich hinter ihr verschanzt. Dass ein solches Ausweichmanöver zum Scheitern verurteilt ist, zeigt sich, als K. eines Abends beim Verlassen seines Büros auf dem Weg zum Ausgang hinter der Tür einer von ihm sonst unbeachteten Rumpelkammer einen unterdrückten Klagelaut hört, ein Seufzen. Er öffnet die Tür und eröffnet damit zugleich unabsichtlich einen Einblick in sein eigenes Inneres. Aber was er da sieht, ist nicht einfach Unordnung, unbrauchbares Gerümpel. Vielmehr wird er Zeuge, wie jemand eine Misshandlung erdulden muss, an der er selbst – Josef K. – schuld ist. Das aber heißt: K. sieht, wie schlecht es im Grunde *ihm selbst* geht, wie schlecht er *sich selbst* behandelt, indem er dieses System innerer Abschottung mit aller Gewalt aufrechterhält. Er sieht nicht nur: Die Gewalt, die er sich selbst antut, um diese dauerhafte Anstrengung der Verleugnung aufzubringen, hat ihren Preis. Er sieht auch: Diesen Preis zahlst du selbst. Als sich ihm am nächsten Abend in der Rumpelkammer genau dasselbe Bild wie am Vortag bietet, wirft er die Tür »[f]ast weinend« (S. 91) vor Entsetzen wieder zu. An dieser Stelle steht er kurz vor dem Zusammenbruch.

Anders verhält es sich im »Dom«-Kapitel, und das begründet inhaltlich die Ausnahmestellung dieses von Kafka deshalb auch selbstständig veröffentlichten Kapitels: In dem Augenblick, in dem Josef K. auf den Anruf des Geistlichen antwortet, sich ihm zuwendet und in ein Gespräch mit ihm eintritt, stellt er sich der Verantwortung für sein eigenes Leben. Er flüchtet nicht mehr zum Ausgang und in Auswege. Bewusst – und nicht versehentlich wie im »Prügler«-Kapitel – nimmt er den Dialog mit sich selbst auf; geführt mit der Hilfe des Geistlichen, der in diesem Kapitel ein wirklicher Partner dieses inneren Dialogs ist: derjenige, der Josef K. dazu verhelfen will, in Zukunft auf andere Weise als bisher zu sich ›Ich‹ zu sagen. Dass er K. freilich nicht abnehmen kann, selbst herauszufinden und zu entscheiden, wie dieses neue Selbstverhältnis aussehen könnte, enttäuscht und verwirrt diesen; er hatte sich wohl gedacht, eine eindeutige Weisung zu erhalten.

Strategien der Abwehr

Alle anderen Kapitel jedoch führen unterschiedliche Strategien der inneren Abwehr Josef K.s vor. Kafka demonstriert in ihnen das Sinnreiche des schlechten Gewissens. Dieser Sinn- und Erfindungsreichtum des schlechten Gewissens äußert sich in verschiedenen Abwehr-Mechanismen:

a) Josef K. wird gestattet, seine Berufstätigkeit unbehelligt von dem gegen ihn eingeleiteten Verfahren weiter auszuüben, und er soll auch an seiner »gewöhnlichen Lebensweise nicht gehindert« werden (S. 23). Nun ist es ja tatsächlich so, dass man sehr stark mit einem inneren Konflikt beschäftigt sein kann und nach außen hin trotzdem unauffällig funktioniert. K. zieht aus dieser Erlaubnis jedoch den Schluss, dass dann »das Verhaftetsein nicht sehr schlimm« sein könne (ebenda). Damit spielt er die Bedeutung der Anklage bereits im Ansatz herunter. Er versucht, sie zu *verharmlosen* – mehr noch: sie erst gar nicht gegen sich zuzulassen.

b) Dieser Versuch, die Anklage gegen sich erst gar nicht zuzulassen, bestimmt durchgängig die *Darstellung des Gerichts* in der Wahrnehmung K.s. Als Kafka seinen *Proceß*-Roman schrieb, waren die staatlichen Justizbehörden und Gerichte in imposanten Gebäuden untergebracht, wahren Justizpalästen, die mit ihren Säulen, Kuppeln und Freitreppen schon in ihrer Architektursprache den Eindruck geballter Autorität ausstrahlten. Aber wie erscheint das Gericht im *Proceß*-Roman? Die Gerichtskanzleien sind auf den Dachböden von Mietshäusern untergebracht. Das flößt K. keine Achtung ein, sondern erweckt in ihm den Eindruck der völligen »Verlotterung« (S. 70), zumal er die Gerichtsbeamten der schlimmsten Korruption verdächtigt (vgl. S. 56). Auch der Untersuchungsrichter wirkt nicht respektgebietend, sondern recht gewöhn-

Der Justizpalast in München. Aufnahme aus den 1920er-Jahren.

lich – »ein kleiner dicker schnaufender Mann, der sich gerade mit einem hinter ihm Stehenden […] unter großem Gelächter unterhielt« (S. 48). Er erscheint zudem nicht unvoreingenommen, sondern parteiisch; K. hat den Eindruck, einem zwischen Publikum und Richter abgekarteten Spiel gegen sich beizuwohnen, einer billigen Schmierenkomödie, als deren unschuldiges Opfer er sich sieht.

Und wie das Gericht in abgelegenen und verwinkelten Ecken haust, so sind auch die bei diesem Gericht zugelassenen Advokaten keine angesehenen und erprobten Anwälte, sondern Winkeladvokaten (vgl. S. 118). All das zusammengenommen besagt: Dieses Gericht ist für K. kein ordentliches, sondern ein *unordentliches Gericht*. Ein so unordentliches Gericht kann aber keine Autorität beanspruchen, da es nicht der Rechtswahrung und Rechtsfindung dient. Also ist es geradezu ein Gebot der Selbstachtung, ihm diese Anerkennung zu verweigern und sich auf die Anklage erst gar nicht einzulassen. Diese Delegitimierung des Gerichts, die Entkäftung seines Autoritätsanspruchs, ist eine der wichtigsten Abwehrstrategien K.s. Sie zieht sich durch den ganzen Roman.

Eine solche Strategie der Abwehr, die nicht emotional vorgetragen wird, sondern scheinbar gute Gründe für ihr Verhalten aufbieten kann, nennt man *Rationalisierung*. Ein weiteres Beispiel einer solchen Rationalisierung ist gleich im ersten Kapitel K.s Erwägung, dass man das Ganze »als einen groben Spaß« ansehen könnte, »den ihm aus unbekannten Gründen, vielleicht weil heute sein dreißigster Geburtstag war, die Kollegen in der Bank veranstaltet hatten« (S. 12). In ähnlicher Weise glaubt er sich vor den Nachforschungen des Gerichts in seiner Arbeitswelt relativ sicher, weil er sich hier hinter den gut funktionierenden Routinen seiner gewohnten Tätigkeit verschanzen kann.

c) Eine mit der Rationalisierung verwandte Form der Abwehrstrategie stellt der Versuch dar, den Schuldvorwurf *ins Lächerliche zu ziehen*, indem die Instanzen und Personen, die ihn aussprechen und untersuchen, herabgesetzt und dem Gelächter preisgegeben werden. Gehäuft finden sich solche Versuche im Kapitel »Erste Untersuchung«. K. möchte zeigen, dass er der eigentliche Herr der Situation ist, und wechselt aus der Rolle des Angeklagten in die des Anklägers. Hier tritt er so auf, wie er gerne sein und sich selbst sehen möchte: souverän, überlegen, brillant. Er deklassiert die Wächter als »demoralisiertes Gesindel« (S. 53), überführt den Untersuchungsrichter seiner himmelschreienden Unwissenheit in den elementarsten Angelegenheiten, die K. betreffen (vgl. S. 50), zeiht die Beamtenschaft des Gerichts der schlimmsten Bestechlichkeit (vgl. S. 56) und entlarvt das Publikum insgesamt als »korrupte Bande« (S. 57). Auf welch schwachen Beinen diese überlegene Pose steht, zeigt allerdings gleich die nächste Begegnung mit dem Gericht, in der K. einen Schwächeanfall erleidet.

d) Weiter fällt auf, dass in Kafkas Text immer wieder der Blick auf das rätselhafte, irritierende und eigentlich nebensächliche Detail fällt. Der Aufseher, der Josef K. im ersten Kapitel verhört, hantiert mit den Utensilien auf dem Nachttischchen im Zimmer des Fräulein Bürstner, »als seien es Gegenstände, die er zur Verhandlung benötige« (S. 19). Die Irritation K.s durch das Schürzenband der Frau Grubach, »das so unnötig tief in ihren mächtigen Leib einschnitt« (S. 24), ist bereits notiert worden; aber warum ist es wichtig zu bemerken, dass der »Auskunftgeber« (S. 80) im vierten Kapitel so ausnehmend elegant gekleidet ist »und besonders durch eine graue Weste auffiel, die in zwei langen scharf geschnittenen Spitzen endigte« (S. 79)? Und ist Lenis »Verbindungshäutchen« (S. 113) wirklich so erwähnenswert? Gewiss lässt sich gerade dieser letzten Stelle ein massiv sexueller Nebensinn unterlegen (vgl. S. 72 dieses Bands). Insgesamt aber handelt es sich doch bei diesen und anderen Beispielen um Nebensächlichkeiten und Sonderbarkeiten, die keinen tieferen Sinn haben, gleichwohl aber die Aufmerksamkeit binden – so wie die »verschiedenen Falten, Taschen, Schnallen« und Knöpfe an dem Kleid des Wächters im ersten Kapitel, die »besonders praktisch« erscheinen, »ohne daß man sich darüber klar wurde, wozu es dienen sollte« (S. 9). Man könnte in dieser Beschreibung die verdeckte Kritik einer instrumentellen Rationalität erkennen, die alles irgendwie sehr brauchbar erscheinen lässt, sich aber darin auch verliert und einen übergreifenden, sinnstiftenden Gesamtentwurf nicht mehr erkennen lässt. Denkbar ist aber auch eine andere Deutung: All diese kleinen Details lenken von dem ab, worum es im Roman eigentlich geht: die Auseinandersetzung Josef K.s mit dem inneren Vorwurf gegen ihn selbst. Sie sind damit in der Summe wie die Flöhe, die der Mann vom Lande nach »jahrelange[m] Studium des Türhüters« (S. 225) in dessen Pelzkragen entdeckt: Anstatt an ihm vorbei in das Innere des Gesetzes vorzudringen, macht er auf der Schwelle Halt und verirrt sich dort ins Unbedeutende, Nebensächliche, Abwegige. So auch Josef K. – und mit ihm der durch Kafkas Erzählweise irregeführte Leser, der sich den Kopf über diese Nebensächlichkeiten zerbricht.

Unerfüllte Existenz und Entfremdungsproblematik

Woraus entspringt aber nun eigentlich der Verdacht, dass an K.s Leben etwas grundsätzlich verkehrt ist?

In einer ersten Schicht ist es das Ungenügen an der eigenen Lebensform, das sich darin undeutlich ausspricht : Noch unzufriedener als mit seinem Angestelltendasein ist K. womöglich mit seinem Junggesellentum: die gelegentlichen geschlechtlichen Erregungen, die er aus seinen sexuellen Kontakten mit Elsa erzielt, berühren ihn nicht gefühlshaft; der Wunsch nach Nähe, nach emotionaler und sexueller Erfüllung seines Lebens an der Seite einer Frau gleichen Alters, treibt ihn dazu, sich Fräulein Bürstner buchstäblich an den Hals zu werfen, findet aber in dieser Mischung aus Not und Gier nur einen Ausdruck, der den Leser eher widerwärtig als sympathisch berührt.

In einer tieferen Schicht leidet Josef K. aber an einer Entfremdungsproblematik. K. ist nicht nur ein innerlich zutiefst einsamer Mensch, der das Glück des Alleinseins nicht kennt; er hat auch das Gefühl, in dieser Einsamkeit gar nicht in Übereinstimmung mit sich selbst zu leben, und dieses Gefühl quält ihn; er kommt sich als ein Schauspieler und Komödiant vor, dessen falsches Spiel im Grunde schon immer heimlich durchschaut worden ist und das irgendwann auch einmal öffentlich auffliegen wird; solche Zuschauer wie die alte Frau und ihr Mann, die mit greisenhafter Neugier der »Schaustellung« (S. 15) seiner Verhaftung beiwohnen, sind nur Beispielfiguren dieser Erwartung. Aus diesem Gefühl der Entfremdung entspringt der Wunsch nach einem ganzheitlichen erfüllten Dasein, nach einem ›Leben im Wahren‹ (vgl. S. 17 dieses Bands).

Sehnsucht nach und Angst vor einem ›Leben im Wahren‹

Mit diesem ›Leben im Wahren‹ kommt Josef K. im »Dom«-Kapitel durch den Anstaltsgeistlichen und dessen Geschichte vom Mann vom Lande in Berührung, der um Eintritt in das Gesetz bittet. In das Gesetz einzutreten heißt in dieser Gleichniserzählung nichts anderes, als sich mit seiner ganzen Existenz dem Anspruch zu stellen, ein Leben in Übereinstimmung mit sich selbst zu führen. Danach hat der Mann vom Lande Verlangen, aber er hat auch Angst davor, sein Leben so ernst zu nehmen; deswegen baut er sich ein riesiges Hindernis auf: den Türhüter, der ihm den Eintritt in das Gesetz verwehrt. Und an diesem so gebieterisch und unüberwindbar wirkenden, aber nur *scheinbar* äußeren Hindernis, das in Wirklichkeit lediglich das Hindernis seines eigenen widerstre-

---

In allen Winkeln der Erde sitzen Wartende, die es kaum wissen, inwiefern sie warten, noch weniger aber, dass sie umsonst warten. Mitunter auch kommt der Weckruf zu spät, jener Zufall, der die »Erlaubnis« zum Handeln gibt – dann, wenn bereits die beste Jugend und Kraft zum Handeln durch Stillsitzen verbraucht ist; und wie mancher fand, eben als er »aufsprang«, mit Schrecken seine Glieder eingeschlafen und seinen Geist schon zu schwer! »Es ist zu spät« – sagte er sich, ungläubig über sich geworden und nunmehr für immer unnütz.

Friedrich Nietzsche, Jenseits von Gut und Böse. Vorspiel einer Philosophie der Zukunft (1886)

---

benden oder ängstlichen Inneren ist, kommt er in der Tat bis zu seinem Tod nicht vorbei. Er verharrt sein ganzes Leben lang unentschlossen auf der Schwelle vor dem Gesetz: unfähig fortzugehen, unfähig einzutreten. Damit gleicht Kafkas Mann vom Lande jenen »[i]n allen Winkeln der Erde« wartenden Menschen, von denen Friedrich Nietzsche (1844–1900) in seiner Schrift *Jenseits von Gut und Böse* (1886) spricht.

Josef K. reagiert als Zuhörer dieser Geschichte ganz ähnlich wie der Mann im Lande in ihr. Er baut sich um die Erzählung Hindernisse auf, die ihn daran hindern, sich ganz auf sie einzulassen, obwohl er von ihr »sehr stark angezogen« ist (S. 225). Diese Hindernisse sind die vielen Deutungen, die ihn ermüden und schließlich dazu führen, dass er die »einfache Geschichte« am liebsten von sich »abschütteln« (S. 231), also vergessen möchte. Was am Ende bleibt, ist ein Weiterleben in dem Bewusstsein, dass ein Leben in dieser Weise eigentlich nicht mehr lebenswert ist (vgl. S. 78 dieses Bands).

Deutlich wird damit: Bei allem Sinn- und Erfindungsreichtum, den das schlechte Gewissen in der Mobilisierung der unterschiedlichsten Abwehrstrategien an den Tag legt, kommt es in Kafkas Roman weder jemals zur Ruhe noch je an sein Ziel. Kafka demonstriert auf diese Weise nicht nur den Sinn- und Erfindungsreichtum (vgl. S. 80–84 dieses Bands), sondern letztlich auch den bleibenden Misserfolg des schlechten Gewissens.

IV Exemplarische Interpretationen

1 Welche Gestaltungsmittel verwendet Kafka beim szenischen Erzählen?

Kafka verleiht dem Geschehen in seinem Roman durch die Verwendung verschiedener sprachlicher und erzählerischer Mittel Kontur. Eines der wichtigsten ist das *szenische Erzählen*. Dabei wird eine Szene so dargestellt, als finde sie gerade vor den Augen des Lesers statt. Beispielhaft für dieses szenische Erzählen ist die Schilderung des Besuchs von Josef K. beim Maler Titorelli (S. 145–171). Mit welchen Mitteln gestaltet Kafka diese Szene? Was ist typisch, was ist wichtig für seine Erzähltechnik?

Darstellung der Szenerie

Zunächst fällt die *Örtlichkeit* auf, in der das Geschehen angesiedelt ist. Titorellis Atelier liegt in einer ärmlichen, schmutzigen Vorstadtgegend. Aus einem Loch im Eingangstor des Mietshauses, das er bewohnt, schießt K. »eine widerliche gelbe rauchende Flüssigkeit« entgegen, »vor der sich eine Ratte in den nahen Kanal« flüchtet (S. 145). Handwerker verbreiten einen ohrenbetäubenden Lärm; im Treppenhaus liegt weinend ein kleines Kind, um das sich niemand kümmert. Mit dieser Häufung abstoßender Details verbindet sich das für den Roman typische Raumgefühl der Beklemmung, zu dem später auch die abgestandene, verbrauchte Luft in Titorellis Atelier beiträgt. K. befällt spontan ein Gefühl körperlichen Unwohlseins und innerer Abwehr; »er wollte möglichst rasch hier fertig werden« (S. 145). Stattdessen muss er, um zu Titorelli zu gelangen, über eine enge Holztreppe mehrere Stockwerke hinaufsteigen. Auch das »elende kleine Zimmer« Titorellis, der eigentliche *Schauplatz* des nachfolgenden Gesprächs, verstärkt diese Beklemmung: »Mehr als zwei lange Schritte konnte man der Länge und Quere nach kaum hier machen.« (Beide Zitate S. 149.) K. fühlt sich seiner Bewegungsfreiheit beraubt. Dazu trägt bei, dass der Maler nach seinem Eintreten die Tür absperrt (vgl. S. 149). Man denkt infolgedessen unwillkürlich weniger an einen Besuch als an ein Verhör; und tatsächlich weist Titorellis Dachkammer einige Gemeinsamkeiten mit der Welt der Verschläge auf, in denen das Gericht haust: Wie diese Verschläge aus Holz sind, so ist auch bei Titorelli »[a]lles, Fußboden, Wände und Zimmerdecke [...] aus Holz« (S. 149); sein Zimmer liegt ebenfalls abseits der üblichen Kommunikationszonen und Aufenthaltsräume unter dem Dach, und es ist gleichfalls in einer Umgebung von Schmutz, Hässlichkeit und Traurigkeit angesiedelt. Mit anderen Worten: K. ist bereits von der bloßen Gestaltung des Schauplatzes her wieder in der Sphäre des Gerichts angekommen, und das wird ihm, obwohl doch diese Vorstadt »jener in welcher sich die Gerichtskanzleien befanden vollständig entgegengesetzt war« (S. 145), am Ende auch durch den Maler ausdrücklich bestätigt: »Wußten Sie nicht, daß hier Gerichtskanzleien sind? Gerichtskanzleien sind doch fast auf jedem Dachboden, warum sollten sie gerade hier fehlen? Auch mein Atelier gehört eigentlich zu den Gerichtskanzleien, das Gericht hat es mir aber zur Verfügung gestellt.« (S. 170) Das Gericht, heißt das, ist überall zu Hause. Es ›wohnt‹ gewissermaßen in jedem Menschen und begleitet ihn, wie es sinngemäß am Schluss des »Dom«-Kapitels heißt, überallhin (vgl. S. 233).

Requisiten

Zur erzählerischen Ausgestaltung des Raumes tragen weiter bestimmte *Requisiten* (Ausstattungselemente) bei. Dazu gehören vor allem das Bett, die Staffelei und das Bild darauf. Requisiten haben drei Funktionen: eine praktische, eine atmosphärische und eine zeichenhafte. Das hölzerne Bildgestell mit dem von einem Hemd verhüllten unfertigen Bild weist Titorelli als Maler aus, hat also vor allem eine praktische Funktion. Dagegen gewinnt das unordentlich mit Bettzeug überhäufte Bett atmosphärische Bedeutung und sogar zeichenhafte Qualität. K. wird von Titorelli »tief in die Betten und Pölster« hineingedrängt (S. 154), als sei er ein Kranker oder ein kleines, wehr- und willenloses Kind; es scheint, als würde er geradezu auf eine frühere, eigentlich schon überwundene Stufe seiner Entwicklung zurückgeworfen. Daneben ist das Bett natürlich ein Ort der (auch geschlechtlichen) Intimität, und dazu passt wiederum Titorellis nachlässiger Aufzug: Er empfängt K. in einem Nachthemd (vgl. S. 148), das im weiteren Verlauf sogar »weit offen« (S. 166) steht; K., dem in der Wärme und der schlechten Luft des kleinen Zimmers übel wird, legt den Wintermantel ab und knöpft sich wenigstens den Rock, seine jackettartige Jacke, auf (vgl. S. 153).

Der Leser wohnt also andeutungsweise einer Szene der Entblößung bei. Diese deutet aber gerade keine (Selbst-)Offenbarung an: Die Frage Titorellis, ob er sich unschuldig fühle, beantwortet K. mit einem geradezu freudigen »Ja«, das er erst in der Folge zu einem »Nun ja« (S. 154) abschwächt, aber nicht prinzipiell in Frage stellt.

Die Analyse des szenischen Umfelds und der Requisiten lässt damit folgende Schlüsse zu: K. empfindet erstens den ganzen Besuch bei Titorelli als peinlich; er begibt sich mit ihm in etwas hinein, das ihm schmutzig und ekelerregend erscheint und das deshalb massive Abwehr in ihm hervorruft, weil es Persönlichstes, ja Intimstes betrifft. Würde die Auseinandersetzung mit diesem Bereich des Innersten offensiv geführt, so könnte sich aus dem Prozessgeschehen ein inneres Freiwerden im Verhältnis zu sich entwickeln. Da K. sie aber eben nur widerwillig und halbherzig führt – er ist nicht gekommen, um sich selbst zu befragen, sondern um Titorelli »aus[zu]forschen« (S. 155) –, entwickelt sich diese Auseinandersetzung zweitens nicht zu einem Prozess der Emanzipation, sondern der Regression, der hier durch das Einsinken im Bett verbildlicht wird. Und weil K. zum Dritten die Auseinandersetzung mit seinem eigenen Inneren zutiefst unangenehm, fast widerlich berührt, muss er diese uneingestandene Ekelempfindung mit etwas anderem in Verbindung bringen, das sie rechtfertigt, ohne sein Selbstbild zu beschädigen. Damit lenkt der Text von der gegenständlichen Ausstattung der Szene auf das Personal über, was hier zunächst heißt: auf die halbwüchsigen Mädchen; denn sie sind es, auf die K. seine ganze Abneigung projiziert.

Nebenfiguren

Diese Mädchen gehören zu den *Nebenfiguren der Szene*, zur *Staffage*. K. begegnet ihnen erstmals bei seinem mühsamen Aufstieg im Treppenhaus, als sie lachend an ihm vorbeilaufen (vgl. S. 146); er erkundigt sich bei einem von ihnen, wo der Maler wohne. Sowohl das Äußere als auch das Verhalten dieses Mädchens, das zurückgeblieben ist, weil es auf der Treppe gestolpert ist, also einen Fehltritt getan hat, stoßen ihn ab: »Das Mädchen, ein kaum dreizehnjähriges etwas buckliges Mädchen, stieß ihn darauf mit dem Elbogen an und sah von der Seite zu ihm auf. Weder ihre Jugend noch ihr Körperfehler hatte verhindern können, daß sie schon ganz verdorben war.« Nach kurzem Wortwechsel »hob [sie] mit beiden Händen ihr ohnedies sehr kurzes Röckchen und lief so schnell sie konnte hinter den andern Mädchen, deren Geschrei schon undeutlich in der Höhe sich verlor. Bei der nächsten Wendung der Treppe aber traf K. schon wieder alle Mädchen. Sie waren offenbar von der Buckligen von K.'s Absicht verständigt worden und erwarteten ihn.« (S. 146)

Titorellis Verhältnis zu den Mädchen ist zweideutig. Er beschwert sich darüber, wie lästig und zudringlich sie seien, bezeichnet sie als »Fratzen« und eine »wahre Last«, steht aber zugleich mit ihnen auf so vertraulichem Fuß, dass eine von ihnen ihn sogar am späten Abend des Vortags, als er gerade »ins Bett steigen« wollte, »ins Bein« zwicken konnte (S. 148). Dass es sich bei diesem Vorfall um nichts Außergewöhnliches gehandelt hat, zeigt die Erzählgegenwart. Mehrfach stören und unterbrechen die Mädchen das Gespräch; sie spähen durch die Ritzen (vgl. S. 152 und 162), fragen ungeduldig, wann K. denn weggehe (vgl. S. 155), schmähen ihn als »häßlichen Menschen« (S. 155), der es überhaupt nicht verdiene, gemalt zu werden, und dringen schließlich durch eine zweite Tür in das Atelier ein, sodass Titorelli, der diesem »Andrang« »lachend« erliegt (S. 171), seinen Gast nicht mehr zum Ausgang begleiten kann.

Was hat es mit dieser Schar von Mädchen auf sich? Erstens gehören sie zu jener Gruppe neugierig-zudringlicher Beobachterfiguren, die wir schon im ersten Kapitel in den Alten kennengelernt haben, die vom Fenster des gegenüberliegenden Hauses aus K.s Verhör zuschauen. Die Mädchen geben dem Gespräch eine bühnenartige Rahmung und machen es zu einem »Schauspiel« (S. 162), sodass K. sich geradezu ausgestellt und unter der Aufsicht von Beobachtern stehend vorkommt, die mit dem Finger auf ihn deuten und die innere Unaufrichtigkeit seines Verhaltens offenbaren. Sie sind die gestaltgewordene Verkörperung des von K. insgeheim gegen sich selbst gerichteten Verdachts, es nicht ganz ernst zu meinen, sondern als schlechter Schauspieler in einem schlechten Stück – einer Schmierenkomödie (vgl. S. 58–60 dieses Bands) – aufzutreten. Zweitens sind die Mädchen nicht bloß stark sexualisiert dargestellt, sondern erscheint diese Sexualität auch als lasterhaft; K. interpretiert den Ausdruck ihrer Gesichter als »Mischung von Kindlichkeit und Verworfenheit« (S. 146). Es handelt sich also nicht um eine reife, sondern um eine unreife, vorzeitig zum Erwachen gebrachte Sexualität. In diesem Zerrbild desintegrierter Sexualität begegnet K. aber nur dem (von ihm nicht als solches erkannten, ihn jedoch trotzdem widrig berührenden) Spiegelbild seines eigenen unreifen Sexualverhaltens, das im sexuellen Kontakt nicht die persönliche Liebeserfüllung sucht, sondern, wie seine Beziehung zur Kellnerin Elsa zeigt, nur den unpersönlichen, flüchtigen sinnlichen Genuss. Wenn man will, kann man diese Deformation (Entstellung) von Sexualität sogar in der äußeren Gestalt der kleinen Buckligen gespiegelt sehen.

Reflektorfigur und Kunstbetrachtung

Prägend für die Gestaltung der Szene sind weiterhin die Konzeption des Gesprächspartners Josef K.s als einer *Reflektorfigur* seiner inneren Gedankenwelt sowie die indirekte Darstellung dieser Gedankenwelt selbst. K.s Gesprächspartner mit dem italienisch klingenden Künstlernamen (vgl. S. 139) Titorelli ist *Kunst*maler. Damit eröffnet sich eine Gegenwelt zu der des beruflichen Alltags, die nicht nur aus ihr heraus-, sondern sogar über sie hinausführen könnte, wenn man der Kunst (ähnlich wie der Religion) die Funktion zuschreibt, den Menschen mit etwas ›ganz Anderem‹ in Berührung zu bringen. Genau in dieser Funktion erscheint sie (wiederum in Verbindung mit Italien als der Chiffre für das ›Ausland‹, in dem sie zu Hause ist) ja auch im »Dom«-Kapitel: Der Auftrag, »einem italienischen Geschäftsfreund der Bank [...] einige Kunstdenkmäler« (S. 207) der Stadt zu zeigen, führt K. in den Dom, der dann zum Schauplatz einer inneren Selbstbegegnung wird.

Wie verhält es sich aber im vorliegenden Kapitel? Um dies in Erfahrung zu bringen, müssen wir uns genauer die Beschreibung des Bildes auf der Staffelei ansehen, an dem Titorelli arbeitet. K. erkennt in ihm als Erstes das Porträt eines Richters, der soeben im Begriff ist, sich von seinem Thronsessel drohend zu erheben (vgl. S. 150). Bei weiterer Betrachtung fällt ihm über der Gestalt des Richters eine allegorische Figur im Bild auf, deren Bedeutung ihm jedoch auch nach der Erklärung Titorellis, es handle sich um die Göttin der Gerechtigkeit, nicht eindeutig klar, sondern umso vielbezüglicher erscheint, je länger Titorelli an ihr arbeitet:

> K. sah zu, wie unter den zitternden Spitzen der Stifte anschließend an den Kopf des Richters ein rötlicher Schatten sich bildete, der strahlenförmig gegen den Rand des Bildes vergieng. Allmählich umgab dieses Spiel des Schattens den Kopf wie ein Schmuck oder eine hohe Auszeichnung. Um die Figur der Gerechtigkeit aber blieb es bis auf eine unmerkliche Tönung hell, in dieser Helligkeit schien die Figur besonders vorzudringen, sie erinnerte kaum mehr an die Göttin der Gerechtigkeit, aber auch nicht an die des Sieges, sie sah jetzt vielmehr vollkommen wie die Göttin der Jagd aus. Die Arbeit des Malers zog K. mehr an als er wollte; schließlich aber machte er sich doch Vorwürfe, daß er solange schon hier war und im Grunde noch nichts für seine eigene Sache unternommen hatte. (S. 151 f.)

In dieser Bildbetrachtung spielen sich drei Vorgänge ab: Zum einen tritt die Gestalt des drohenden Richters im Wahrnehmungsprozess zurück. Das heißt: Das Gericht verliert in den Augen Josef K.s etwas von seinem Schrecken. Stattdessen entwickelt sich um den Kopf des Richters eine Aura, ein Strahlenkranz, der an den Glanz erinnert, der im »Dom«-Kapitel »unverlöschlich aus der Türe des Gesetzes bricht« (S. 225). Diese Auratisierung beeinflusst auch die *Sprache* der Bildbeschreibung und verleiht der Stelle eine für den Roman ungewöhnlich feierliche, festliche Prägung: Der Strahlenkranz wird ausdrücklich mit einem »Schmuck« beziehungsweise einer »hohe[n] Auszeichnung«, also etwas sehr Seltenem und Wertvollem verglichen.

Zweitens erfährt die allegorische Gestalt der Gerechtigkeit eine *Veränderung*. Indem sie zur Göttin der Jagd wird, verliert sie nicht nur die Eindeutigkeit ihres Bezugssinns. Sie wird zum Inbegriff des Dynamischen selbst: zur Personifikation eines Gestaltwandels, der sich jeder Fixierung entzieht, weil er in ständiger Bewegung begriffen ist.

Mit diesem Gestaltwandel der *Figur* verändert sich aber auch, und das ist der dritte Vorgang, das *Verständnis* dessen, was Gerechtigkeit selbst ist. K. bekommt eine Ahnung davon, dass Gerechtigkeit etwas anderes ist als das, was er sich bisher darunter vorgestellt hat: nicht etwas starr Vorgegebenes und ein für alle Mal Fixiertes, dem man unterworfen ist, sondern etwas, das immer wieder neu gesucht werden muss, weil es sich dem feststellenden Begreifen entzieht. Gerechtigkeit, so scheint es, muss dem eigenen Lebensentwurf immer wieder neu angepasst werden, wie wiederum dieser selbst sich auf die ihm eigene Gesetzlichkeit hin befragen muss. Da das Leben verschiedene Phasen und Etappen durchläuft und sich das Individuum in ihnen wandelt, muss immer wieder neu gefragt und geprüft werden, was jeweils ›das Beste‹ sei, um sich selbst unter wechselnden Umständen und Bezügen gerecht zu werden.

Es ist aber nun wiederum charakteristisch für Josef K., dass er diesen wichtigen Gedanken, die ohne sein Zutun und sogar gegen seinen Willen in ihm aufsteigen – denn die Arbeit des Malers »zog K. mehr an als er wollte« –, nicht nachgeht. Er macht sich vielmehr »Vorwürfe, daß er solange schon hier war und im Grunde noch nichts für seine eigene Sache unternommen hatte« (S. 152).

Kyle MacLachlan als Josef K. in David Jones' Verfilmung des »Proceß« nach einem Drehbuch von Harold Pinter (1993).

K. öffnet sich also *nicht* der an dieser Stelle möglichen Erkenntnis dessen, was er versäumt hat. Vielmehr verkennt er, was sich ihm andeutungsweise eröffnet hat, und verschließt es sich nun wieder durch sein zielgerichtetes, aber ihn fehlleitendes Verhalten. So bringt er sich um die Chance, ein neues Verständnis von Gerechtigkeit als *individueller Gesetzlichkeit* zu entwickeln.

Dialoggestaltung

In dieser Dialektik von Erkenntnisstreben und -verfehlung kehrt jene strukturbildende Ambivalenz wieder (vgl. S. 77 dieses Bands), die auch die Gesprächsführung bestimmt, also jene Partien, die nicht aus *Beschreibung* und *Bericht*, sondern aus *Reden* und *Gegenreden* bestehen, wobei die Wiedergabe der Redeanteile hier noch durch die Beschreibung *nonverbaler Kommunikationsmittel* ergänzt wird, also durch die Ausdruckssprache von Mimik und Gestik: Erst diese Elemente zusammengenommen definieren die Mittel szenischen Erzählens bei Kafka insgesamt und tragen in ihrer Verbindung zum charakteristischen Erzählprofil seiner Texte bei.

Beispielhaft dafür ist die folgende Passage, die an das Gespräch zwischen Titorelli und K. über das Bild des Richters, an dem der Maler arbeitet, anschließt. Mit der Frage »Sie sind wohl ein Vertrauensmann des Gerichtes?« (S. 152) wendet sich Josef K. nun Titorelli direkt zu:

> Sofort legte der Maler die Stifte beiseite, richtete sich auf, rieb die Hände an einander und sah K. lächelnd an. »Nur immer gleich mit der Wahrheit heraus«, sagte er, »Sie wollen etwas über das Gericht erfahren, wie es ja auch in Ihrem Empfehlungsschreiben steht, und haben zunächst über meine Bilder gesprochen um mich zu gewinnen. Aber ich nehme das nicht übel, Sie konnten ja nicht wissen, daß das bei mir unangebracht ist. Oh bitte!« sagte er scharf abwehrend, als K. etwas einwenden wollte. Und fuhr dann fort: »Im übrigen haben Sie mit Ihrer Bemerkung vollständig recht, ich bin ein Vertrauensmann des Gerichtes.« Er machte eine Pause, als wolle er K. Zeit lassen, sich mit dieser Tatsache abzufinden. [...] K. unterließ es sich irgendwie zu entschuldigen denn er wollte den Maler nicht ablenken, wohl aber wollte er nicht, daß der Maler sich allzu überhebe und sich auf diese Weise gewissermaßen unerreichbar mache, er fragte deshalb: »Ist das eine öffentlich anerkannte Stellung?« »Nein«, sagte der Maler kurz, als sei ihm dadurch die weitere Rede verschlagen. K. wollte ihn aber nicht verstummen lassen und sagte: »Nun, oft sind derartige nicht anerkannte Stellungen einflußreicher als die anerkannten.« »Das ist eben bei mir der Fall«, sagte der Maler und nickte mit zusammengezogener Stirn. (S. 152 f.)

Das eigentliche Gesprächsziel Josef K.s in diesem Kapitel besteht darin, von Titorelli etwas über das Gericht zu erfahren, das ihm für seinen Prozess von Nutzen sein kann. Er will also Titorelli für seine Zwecke benutzen. Gleichzeitig will er ihn das aber nicht merken lassen. Deshalb nähert er sich seinem Gesprächsziel nicht auf direktem, sondern auf indirektem Wege – ein umwegig kalkulierendes Verhalten, das ganz typisch für K. ist: Er fädelt ein Gespräch über das Bild ein, um aus diesem Gespräch Informationen über den im Bild dargestellten Richter zu gewinnen. Mit dieser Gesprächsstrategie scheitert er aber; Titorelli weigert sich, ihm den Namen des Richters zu nennen (vgl. S. 152).

Vergliche man diesen Gesprächsabschnitt mit einer Schachpartie, so müsste man sagen: K.s Spieleröffnung ist misslungen. Also setzt er neu an mit der Frage, die er an Titorelli direkt stellt. Die Reaktionen darauf sind komplex: Einerseits belohnt Titorelli K. für diese Korrektur seines Gesprächsverhaltens; er richtet sich auf und sieht K. in einer Geste der Zuwendung »lächelnd« an. Andererseits gibt er aber auch auf kränkend deutliche Weise zu erkennen, dass er K.s Vorgehensweise durchschaut hat und sie missbilligt. Schon die Äußerung »Nur immer gleich mit der Wahrheit heraus« (begleitet vom Händereiben, einer Geste der Befriedigung) besagt ja, dass K. eben diese Offenheit bislang nicht an den Tag gelegt hat. Schonungslos enthüllt Titorelli K.s Redekalkül dann im folgenden Satz: »Sie wollen etwas über das Gericht erfahren [...] und haben zunächst über meine Bilder gesprochen um mich zu gewinnen«. Er konfrontiert K. durch diese Bemerkung nicht nur mit der völligen *Unwirksamkeit* seines Vorgehens, sondern beansprucht darüber hinaus für sich eine Überlegenheit (»ich nehme das nicht übel«), die er herablassend mit K.s *Unkenntnis* seiner Person begründet (»Sie konnten ja nicht wissen, dass das bei mir unangebracht ist.«)

Wenn man diese Gesprächspartie so pedantisch auseinandernimmt – und man muss das tun, weil Kafkas ängstliche Helden selbst so kleinteilig denken und fühlen –, dann kommt man um die Feststellung nicht herum, dass K. hier auf engstem Raum ein riesiges Kommunikationsdesaster erlebt. Alle seine Ängste sieht er im Grunde bestätigt: die Angst, durchschaut zu werden; die Angst, gedemütigt zu werden; die Angst, abgewiesen zu werden.

Scheiternde Gesprächsstrategien

Kafkas Helden finden sich häufig in Missverständnisse verstrickt, in Krisen des Verstehens und der Kommunikation. Aber hier besteht K.s Problem nicht darin, missverstanden zu werden, sondern viel zu gut verstanden worden zu sein von einem, der ihm – trotz seiner nachlässigen äußeren Erscheinung und seiner ärmlichen Umgebung – überlegen ist, ja plötzlich (wie der gleichfalls in ein Nachthemd gekleidete Vater Georg Bendemanns in der 1912 entstandenen Erzählung *Das Urteil*) innerlich geradezu riesengroß vor ihm aufzustehen scheint, sodass K. die panische Furcht befällt, »daß der Maler sich allzu überhebe und sich auf diese Weise gewissermaßen unerreichbar mache«; viel zu gut verstanden von einem, dessen Vertrauen und Wohlwollen er gleichwohl gewinnen muss und der ihm dazu eine vielleicht nur winzige Chance lässt: nämlich das Lächeln, das er ihm zur Belohnung schenkt.

K. jedoch kommt aus seinem hierarchisierenden Beziehungsdenken, in dem er sein Gegenüber (wie sich selbst) immer nur in einem Verhältnis des Höher- oder Geringergestelltseins, Über- oder Unterlegenseins wahrnehmen kann, wie aus seinem kalkulierenden und manipulativen Kommunikationsverhalten nur schwer heraus. So hofft er, Titorelli wieder demütigen zu können, wenn er ihn danach fragt, ob dessen Stellung eine »öffentlich anerkannte« sei; er lenkt aber dann gleich wieder ein, als Titorelli das kurz angebunden verneint, und wertet die öffentlich fehlende Anerkennung sofort in ein Zeichen besonders wirkungsvoller geheimer Einflussnahme um, was wiederum Titorelli bestätigt, sodass hier kurzfristig oder vorläufig ein Ausgleich hergestellt zu sein scheint. Aber in solchen Schwankungen und eilfertigen Umwertungen verrät sich eben nicht nur eine manipulative Tendenz, sondern eine tiefgreifende und die gesamte Dialoggestaltung prägende Unsicherheit Josef K.s selbst: ein schwankendes Selbstgefühl, das damit zu tun hat, dass er sich über grundsätzliche Fragen seines Lebens im Unklaren ist.

Aus dieser Verunsicherung heraus klammert sich K. an das, was ihm beherrschbar und überschaubar zu sein scheint: das Kleinteilige seiner Absichten, Berechnungen, Motive und darauf fußenden Begründungen. Im Festhalten an einer solchen Strategie bleibt er grundsätzlich unsicher, wie er das einzuordnen hat, was nicht seinen eigenen Absichten entspringt, sondern ihm von seiner Mit- und Umwelt mitgeteilt wird. Auch mit der Bestätigung Titorellis, K. habe mit seiner Vermutung, er sei ein Vertrauensmann des Gerichts, völlig recht, gewinnt er deshalb keineswegs festen Boden unter den Füßen. K. sieht sich vielmehr dem Zweifel ausgesetzt, ob Titorelli in dieser Eigenschaft als *Vertrauensmann des Gerichts* insgeheim nicht von vornherein dessen Ordnung *gegen* K. vertreten müsse, sodass er unmöglich auch zugleich *Vertrauensmann K.s* sein könne. Diese strukturelle Ambivalenz K.s im Verhältnis zu Titorelli lässt – noch stärker als die verschiedenen Verfahrensordnungen selbst, die dieser K. erläutert – in ihm Fragen und Zweifel aufsteigen, die bis zum Schluss des Kapitels ungelöst bleiben, sodass es durch Titorellis Aufklärungen eben nicht zu einer Klärung der Lage, sondern zur weiteren Verunsicherung K.s kommt. K. hatte »vollständig recht« – aber gerade das hilft ihm nicht weiter.

2 Wie erklärt sich die Sonderstellung des Kapitels »Im Dom«?

Einordnung in den Handlungszusammenhang

Das Kapitel »Im Dom« ist in der hier zugrunde gelegten Ausgabe das vorletzte des *Proceß*-Romans. Inhaltlich stellt es einen Höhepunkt dar: Während Josef K. bis dahin nämlich ganz überwiegend damit beschäftigt war, alle Schuldvorwürfe abzuwehren, lässt er sich in diesem Kapitel erstmals auf eine tiefergehende Auseinandersetzung mit sich selbst ein. Sie vollzieht sich in der Gestalt eines Dialogs mit einem Geistlichen, der ihm eine Geschichte erzählt. Diese Geschichte fesselt K., weil er darin einen Spiegel seiner eigenen Lebensproblematik erkennt. Zu einer abschließenden, befreienden Klärung kommt es jedoch nicht; K. sieht sich in endlose Auslegungen verstrickt und verlässt am Ende müde den Dom.

Gliederung des Kapitels

Das Kapitel umfasst vier Abschnitte (wobei die Grenzen zwischen dem dritten und vierten Abschnitt auch anders gezogen werden können).

Das Geschehen des ersten Abschnitts (S. 207–211) ereignet sich am Morgen zwischen sieben und halb zehn Uhr in K.s Büro. K. hat den Auftrag erhalten, einem italienischen Geschäftsfreund einige Sehenswürdigkeiten der Stadt zu zeigen. Obwohl er diesen Auftrag zu anderen Zeiten als ehrenvoll betrachtet hätte, quält ihn der Gedanke, er solle auf diese Weise für eine Weile aus dem Büro entfernt werden, damit seine Entbehrlichkeit offenkundig werde (vgl. S. 207). Diese Sorge und die Tatsache, dass er die halbe Nacht damit verbracht hat, seine Italienischkenntnisse aufzufrischen, haben zur Folge, dass er nun sehr müde ist (vgl. S. 209). Kurz nach seinem Eintreffen in der Bank wird er ins Büro des Direktors gerufen, wo der Italiener bereits wartet. Dieser muss noch einige Geschäfte erledigen, hat deshalb für eine ausgedehnte Führung keine Zeit und möchte nur den Dom der Stadt besichtigen. Er bittet K., sich »in zwei Stunden etwa um zehn Uhr« (S. 211) dort einzufinden.

Der zweite, kurze Erzählabschnitt umfasst die Zeit, die nach diesem Gespräch bis zu K.s Eintreffen im Dom verstreicht (S. 212–214). Kurz bevor er die Bank verlässt, wird er durch einen Anruf von Leni aufgehalten, die sich nach seinem Befinden erkundigt (vgl. S. 213). Obwohl K. sich dadurch verspätet, heißt es dann aber rätselhafterweise doch: »K. war pünktlich gekommen, gerade bei seinem Eintritt hatte es elf geschlagen, der Italiener war aber noch nicht hier.« (S. 214) K. setzt sich in eine Kirchenbank und wartet auf den Italiener, während es rings um ihn, aufgrund des sich verschlechternden Wetters, immer dunkler wird.

Aber der Italiener bleibt aus. K. hat sich in dem finsteren, nur von wenigen Kerzenlichtern erhellten Dom schon auf die Suche nach dem Ausgang begeben, als ihn unversehens von einer kleinen Nebenkanzel herab die Stimme eines Geistlichen trifft, der ihn bei seinem Namen anruft (vgl. S. 219), sich ihm als Gefängniskaplan vorstellt und ihm mitteilt: »Ich habe Dich hierherrufen lassen, […] um mit Dir zu sprechen.« (S. 220) Damit endet der dritte Erzählabschnitt, der K.s Aufenthalt im Dom bis zum Beginn des Gesprächs mit dem Geistlichen umfasst (S. 214–220).

Das nachfolgende Gespräch zwischen dem Geistlichen und K. bildet den vierten Abschnitt (S. 220–233), der sich wegen seines Umfangs noch einmal in drei Unterabschnitte gliedern lässt: die einleitenden Mahnungen des Geistlichen, dass K. zu viel fremde und damit falsche Hilfe suche (S. 220–223); die Geschichte von dem Mann vom Lande, der zum Türhüter kommt, um von ihm den Eintritt in das Gesetz zu erbitten

(S. 223–225); und die Auslegungen (S. 225–233) dieser Geschichte, von der K. zwar sofort »sehr stark angezogen« (S. 225) ist, deren verschiedene Deutungsmöglichkeiten ihn aber auch verwirren und ermüden, sodass die Begegnung mit dem Gefängniskaplan ohne ein für ihn greifbares Resultat endet.

Interpretation des Kapitels

Schon der *Schauplatz* des Kapitels, der Dom, ist in der Welt dieses Romans eine Besonderheit: K. betritt hier das einzige Mal einen sakralen (geweihten) Raum, übrigens auch sprachlich; denn die Formel, mit der der Geistliche ihn anruft und beim Namen nennt, erinnert an das Bibelwort »ich habe dich bei deinem Namen gerufen; du bist mein!« (Jes 43, 1)

Doch geht es Kafka keineswegs um religiöse Glaubensverkündigung. Der Dom ist vielmehr ein Raum der Sammlung, der Konzentration, des Abstandnehmens – eine Gegenwelt zur Geschäftigkeit der Bank und des Gerichts, die alle, auch die »städtischen Sehenswürdigkeiten« (S. 220), nun keine Rolle mehr spielen. Durch diese Abstandnahme vom Alltagsgetriebe ermöglicht der Aufenthalt im Dom Josef K. auch den Weg zu sich selbst: Er stellt sich der Anklage gegen ihn in einer Hinwendung zu seinem eigenen Inneren. Diese *Wendung nach innen* und die *Konfrontation mit sich selbst* bestimmen die zwei Grundtendenzen des »Dom«-Kapitels.

Auf die Tendenz zur Verinnerlichung ist besonders die Beschreibung des Dominneren angelegt. In der leeren Kirche herrschen tiefe Dunkelheit (vgl. S. 214) und völlige Stille (vgl. S. 218). Mit wenigen einfachen Sätzen schafft Kafka einen Raum der ›tiefinneren Einkehr‹, in dem sich die Selbstbegegnung K.s mit sich vorbereitet. Das heißt: Ihm wird erstmals deutlicher bewusst, was ihn eigentlich bewegt, auch wenn er dabei aus seiner Sicht an eine »Grenze des für Menschen noch Erträglichen« (S. 219) zu geraten scheint.

Jeremy Irons als Kafka im gleichnamigen Spielfilm des amerikanischen Regisseurs Steven Soderbergh (USA 1991).

In diesen Raum der Stille bricht die Stimme des Geistlichen ein (vgl. S. 219). Sein Anruf ist der existenziale Appell aus Josef K.s eigenem Inneren an sich selbst. Unwillkürlich zögert er zunächst, diesem Anruf zu folgen, senkt den Kopf zu Boden und überlegt, ob er ihm ausweichen soll. Als er aber beschlossen hat, diesem »kindliche[n] Versteckspiel« endlich ein Ende zu setzen, läuft er wie befreit dem Geistlichen entgegen, da nun »alles offen geschehen« kann (S. 220). Die Konfrontation mit der Anklage kann beginnen.

Auch hier fällt K. zwar zunächst wieder in sein altes Verhaltensmuster zurück: Er nennt sich nicht schuldig (vgl. S. 221). Aber nun, da »tiefe Nacht« (S. 222) über ihm und um ihn herum einbricht, muss er sich von dem zornig-erschreckten Geistlichen vorhalten lassen, dass er nicht »zwei Schritte weit« (ebenda) sehen könne, nämlich auf das hin, was für alle anderen außer K. greifbar vor ihm liegt, das Nächstliegende (und *darum* von ihm Verdrängte). Und um ihn innerlich sehend werden zu lassen, erzählt ihm der Gefängniskaplan daraufhin – ohne jede Einleitung – die Geschichte vom Mann vom Lande, der um Eintritt in das Gesetz bittet.

Diese Geschichte ist der Umweg, der K. am schnellsten zu sich selbst führen soll, weil sie in dreifacher Hinsicht seine eigene Problematik zur Sprache bringt:

a) Wie der Mann vom Lande um »Eintritt in das Gesetz« bittet (S. 223), so verlangt es auch Josef K. nach einem Leben, das sich ganz einer (ihm gemäßen) Gesetzlichkeit unterwirft.

b) Wie der Mann vom Lande, so hat auch K. nicht erwartet, dass sich diesem Wunsch »[s]olche Schwierigkeiten« entgegenstellen; er hat gedacht, dieses Gesetz »müsse doch jedem und immer zugänglich« (S. 224) und der Wunsch danach leicht zu erfüllen sein. Doch das gilt eben nur für das Gesetz in rechtlicher Bedeutung wie etwa die Straßenverkehrsordnung, die in der Tat für alle gleich und jedem zugänglich den Verkehr regelt. Für das Gesetz des eigenen Lebens gilt das indessen nicht: Dieses Gesetz muss jeder für sich selbst suchen und finden. Dass es seine Aufgabe war, genau dieses *individuelle Gesetz* zu suchen: den Eingang, der »nur für Dich bestimmt« war (S. 225), den Zugang zur Eigentümlichkeit des eigenen Wesens – diese Erkenntnis wird dem Mann vom Lande allerdings erst am Ende seines Lebens (und auch da nur aufgrund der Belehrung durch den Türhüter) zuteil.

c) Wie der Mann vom Lande, so schreckt auch Josef K. vor der Überwindung der großen Hindernisse, die sich in der Person des Türhüters verkörpern, zurück. Man muss sich aber klarmachen, dass diese Hindernisse trotz ihrer Größe nicht äußere, sondern *innere* Hindernisse sind. Sie drücken die inneren

Ängste davor aus, sich wirklich ganz auf ein Gesetz des eigenen Lebens einzulassen, und die Zweifel, diese Ängste jemals überwinden zu können – denn hinter jedem eventuell überwundenen Hindernis scheint schon das nächste zu lauern. Dem Mann vom Lande, der sich vorzustellen versucht, was mit ihm geschehen könnte, wenn er mit dem Wunsch, der ihn hergeführt hat, ernst macht, verwandelt sich die Zukunft zu einer Folge endloser Prüfungen, zum endlosen Durchgang durch endlose Drohkulissen:

> ›Wenn es dich so lockt, versuche es doch trotz meines Verbotes hineinzugehen. Merke aber: Ich bin mächtig. Und ich bin nur der unterste Türhüter. Von Saal zu Saal stehn aber Türhüter einer mächtiger als der andere. Schon den Anblick des dritten kann nicht einmal ich mehr ertragen.‹ (S. 224)

Für die angstbeherrschte Vorstellungskraft ist also buchstäblich nicht auszudenken, was da alles Schreckliches passieren könnte. Darum zieht es der Mann vom Lande vor, sich auf der Schwelle niederzulassen und die Flöhe im Pelzkragen des Türhüters zu studieren (vgl. S. 225), also ins Abseitige und Unwesentliche abzuirren und in diesem Studium des Abseitigen bis an sein Ende zu verharren. Weniger beharrlich kann man das große Ziel nicht aus den Augen verlieren – denn »[a]lle« (S. 225), wie der Mann vom Lande abschließend sagt, streben doch nach dem Gesetz und erhoffen sich ihr Leben lang ein ›Leben im Wahren‹ (vgl. S. 17 dieses Bands), dessen »Glanz« darum »unverlöschlich« (S. 225) bleibt.

Diese Geschichte erzählt der Geistliche »im Wortlaut der Schrift« (S. 225). Dadurch erhält sie autoritatives Gepräge: den Charakter einer unverfälschten und unantastbaren Wahrheit, deren Bedeutungstiefe, wie bei Heiligen Schriften, Grundtexten der Überlieferung oder Werken großer Literatur, im nachfolgenden Gespräch in immer neuen Interpretationen und Kommentaren umkreist und ausgelotet wird.

Die Frage ist nur: Bringen die Umschriften und Fortschreibungen jenes Grundtexts Josef K. weiter, oder entfernen sie ihn von seinem Ziel? Darauf gibt der Text eine eindeutige Antwort: »Die einfache Geschichte war unförmlich geworden, er wollte sie von sich abschütteln und der Geistliche, der jetzt ein großes Zartgefühl bewies, duldete es« (S. 231 f.). Der Wortschatz der Verdrängung (»abschütteln«) meldet sich zurück.

Wenn die unterschiedlichen Auslegungen vielleicht nicht geradezu die *Funktion* gehabt haben, den immateriellen Wahrheits-»Glanz« dieser Geschichte zu verdunkeln, so haben sie doch unzweifelhaft diese *Wirkung* auf Josef K. Die Wege der Auslegung erweisen sich als Abwege, die zu beschreiten in K.s Erleben nichts anderes heißt, als auf ihnen zu ermüden. Warum aber duldet dies der Geistliche mit großem »Zartgefühl« (S. 232)? Weil sich Wahrheit nicht mehr als Besitz, sondern nur noch als Prozess denken lässt, zu dem auch die Irrwege gehören? Weil er weiß, dass diese Geschichte auf K. so übermächtig gewirkt hat, dass sie ihn nie mehr loslassen wird? Auf diese Gewissheit jedenfalls deuten die beiden Schlusssätze des Kapitels: »Das Gericht will nichts von Dir. Es nimmt Dich auf wenn Du kommst und es entläßt Dich wenn Du gehst.« (S. 233) Sie gelten, lässt sich hinzufügen, für jeden, der einmal diese Geschichte gelesen hat.

V Literaturgeschichtliche Einordnung

Ich war in großer Verlegenheit«, beginnt Kafkas 1920 in einem Erzählband gleichen Titels veröffentlichte Erzählung *Ein Landarzt* (GW 1, S. 200). Wer sich um eine literaturgeschichtliche Einordnung des *Proceß*-Romans bemüht, sieht sich in ziemlich vergleichbarer Lage; denn Kafkas Text von 1914/1915 steht weitgehend unbezüglich in seinem literarischen Umfeld. Er lässt sich trotz mancher künstlerischer Grundanliegen und Schreibimpulse, die er mit dem zeitgenössischen Expressionismus teilt (dazu unten), weder als expressionistischer Roman ein- noch den voraufgegangenen Strömungen der Literatur der Jahrhundertwende zuordnen (mit deren 1895 entstandenem *Märchen der 672. Nacht* von Hugo von Hofmannsthal er allerdings die Darstellung deformierter Sexualität in einer Sphäre von ähnlich trostloser, ja hasserfüllter Traurigkeit teilt, wie sie im »Titorelli«-Kapitel begegnet.)

Auch mit den großen Epochenromanen seiner Zeit ist er nicht vergleichbar; in der Konzentration auf einen ganz begrenzten Weltausschnitt fehlt ihm die überblickshafte Weite, die den *Ulysses* (1922) von James Joyce (1882–1941), Thomas Manns (1875–1955) *Zauberberg* (1924), Robert Musils (1880 bis 1942) Fragment gebliebenen *Mann ohne Eigenschaften* (entstanden zwischen 1921 und 1942), Hermann Brochs (1886–1951) Romantrilogie *Die Schlafwandler* (1931/1932) oder Alfred Döblins (1878–1957) *Berlin Alexanderplatz* (1929) auszeichnen. Dieser hat wie der *Ulysses* mit Kafkas Buch die Beschränkung auf einen topographisch benennbaren Schauplatz gemeinsam, inszeniert ihn aber sprachlich unvergleichlich vielstimmiger und abwechslungsreicher. Von den urbanen Milieus als

Erregungszentren der Sinne und des Intellekts, der Abenteuerlichkeit der großen Städte, wie sie den modernen Großstadtroman prägen, ist nichts in die Welt des *Proceß*-Romans eingedrungen.

Auch die große Tradition des Entwicklungs- oder Bildungsromans, von Goethes *Wilhelm Meisters Lehrjahre* (1795/1796) über Adalbert Stifters (1805–1868) *Nachsommer* (1857) bis zu Gottfried Kellers (1819–1890) *Grünem Heinrich* (Erstfassung 1854/1855, Zweitfassung 1879/1880), bildet allenfalls eine Kontrastfolie zum Verständnis des *Proceß*-Romans, da Kafkas Held sich ja gerade nicht wesentlich weiterentwickelt.

Die literaturgeschichtliche Einordnung des Romans in den regionalen Bezugsraum der deutschsprachigen Prager Literatur versperrt wiederum den Ausblick auf seine grenzüberschreitend weltweite Wirkung; und auch ein in der Literatur der 1920er-Jahre neu entstehender Seitenweg des Erzählens, der Angestelltenroman, dem man wegen der beruflichen Position seines Helden den *Proceß* versuchsweise zuweisen könnte, führt in dieser Frage nicht weiter. Als »sozialer Roman aus dem Alltag der durchschnittlichen kleinen Angestellten mit ihren Schicksalen, Problemen und kleinen Katastrophen« (von Wilpert, S. 29) verschließt sich der Angestelltenroman metaphysischen Fragen, wie sie sich mit Kafkas Schreiben verbinden lassen. So muss man sich zunächst mit der Feststellung begnügen, dass Kafkas *Proceß* wohl eines der einflussreichsten Werke – für Louis Begley das »wichtigste Buch« (PM, S. 321) – des 20. Jahrhunderts ist, aber innerhalb dieses Textgebirges ein einsam aufragender Gipfel bleibt.

Wenn der direkte Zugriff auf das epochengeschichtliche Umfeld und gattungsgeschichtliche Vorläufer versagt, muss man die Bezüge vielleicht ein wenig weiter fassen. Im Hinblick auf die Intensität, mit der Kafka in diesem Buch an einer isolier-

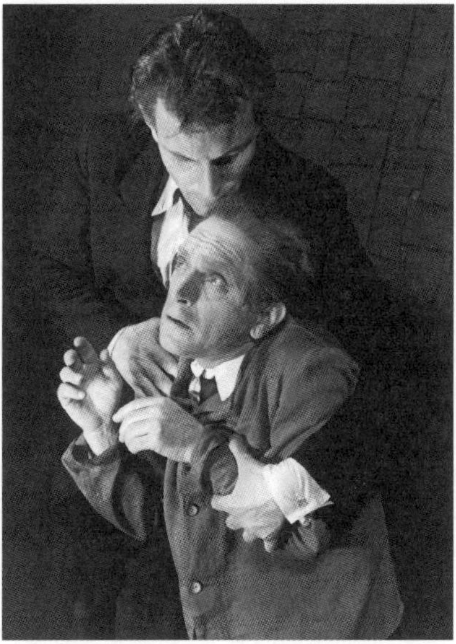

Walter Bluhm und Horst Caspar in einer Inszenierung von Franz Kafkas »Proceß«-Roman am Schloßpark-Theater Berlin aus dem Jahre 1950.

ten Figur ausschließlich *ein* Thema verfolgt, ist daran zu erinnern, dass es in der Romanliteratur des 19. Jahrhunderts ebenfalls eine Reihe großer Bücher gibt, die mit obsessiver Ausschließlichkeit das Schicksal einer Figur unter dem Aspekt eines sie beherrschenden Komplexes beschreiben: in Iwan Alexandrowitsch Gontscharows (1812–1891) *Oblomow* (1859) die Langeweile; in Fjodor Michailowitsch Dostojewskis (1821–1881) Kurzroman *Der Spieler* (1866) die Dämonen der Sucht; in Knut Hamsuns (1859–1952) *Hunger* (1890) der Hunger nach Brot und Liebe. All diese Werke sind Studien über exzessiv gelebte Weisen unerfüllten Seins; vor allem die Gestalten der großen Romane Dostojewskis, wie den Mörder Raskolnikow in *Schuld und Sühne* (1866; neuerdings auch unter dem originalgetreueren Titel *Verbrechen und Strafe*) oder den Fürsten Myschkin in *Der Idiot* (1868), peinigt dieser Hunger nach Sinn und menschlicher Erfüllung.

In der Literatur des 20. Jahrhunderts nach Kafka werden diese Gestalten abgelöst von den Helden des Absurdismus, Figuren wie dem Fremden aus der gleichnamigen Erzählung (1942) von Albert Camus (1913–1960) oder wie Sisyphos, den wir uns indes nach Camus' Worten als glücklichen Menschen vorstellen müssen (*Der Mythos des Sisyphos*, 1942); denn im Unterschied zu den genannten Romanfiguren aus dem 19. Jahrhundert sind diese Helden des Absurdismus auf ihre Weise durchaus glücklich. Sie sind ergriffen von der »zärtlichen Gleichgültigkeit der Dinge«, wie es im *Fremden* heißt; von der Last befreit, es könnte irgendetwas oder irgendeinen geben, das oder der ihrem Leben einen verpflichtenden Sinn abverlangt; durchdrungen von dem, was Gottfried Benn (1886–1956) in seiner *Rede auf Heinrich Mann* (1931) »Nihilismus als Glücksgefühl« genannt hat.

Von einem solchen Glücksgefühl ist Kafkas Josef K. ersichtlich weit entfernt; er schleppt sich ja mit dem Vorwurf herum, er müsse für sein Leben Verantwortung übernehmen. Obwohl Kafkas Romanwelt im *Proceß* auch durch den Einbruch des Absurden in ein vermeintlich alltägliches Dasein gekennzeichnet ist, ist weder sein Protagonist ein Held, noch der Roman im Ganzen ein Zeugnis dieses modernen, aus der Erfahrung zweier Weltkriege erwachsenen Absurdismus.

Gerhard Kurz hat darum vorgeschlagen, Kafkas Schreiben in ein Bezugsfeld von Grundströmungen und Grundmotiven des 19. und beginnenden 20. Jahrhunderts einzuordnen, das »Kunst als Selbstanalyse und Selbstgericht« begreift und Wissenschaft, Dichtung und Philosophie miteinander verbindet (vgl. Kurz, S. 44–55). Diese Einordnung sei hier kurz vorgestellt.

Der für »Kafkas literarische Existenzanalyse« (Kurz) entscheidende Grundvorgang liegt demnach darin, dass sich seit dem Ende des 18. Jahrhunderts als eine Folge des Zurücktretens der überlieferten religiösen Jenseitsbindungen Philosophie, Dichtung und Wissenschaft immer stärker der Frage nach dem Ich zuwenden. Aus diesem Bindungsverlust tritt das Ich zunächst als eine Größe neuer Eigenständigkeit, dann aber auch von zuvor ungesehener und unabsehbarer innerer Komplexität hervor; es wird zu einem ganzen Ensemble mannigfaltiger Selbst- und Weltverhältnisse. Bei der Erkundung dessen, was dieses so komplexe Ich denn eigentlich ausmacht, ob es selbst wirklich etwas ›Letztes‹ oder doch nur etwas von anderem Abgeleitetes, Abkünftiges ist, bildet sich nun aber im Verlauf des 19. Jahrhunderts eine merkwürdige Dialektik von Selbstvergewisserung und Selbstbezweiflung, ja Selbstentfremdung heraus: Das Ich wird sich zunehmend selbst fraglich, vordergründig; es entgleitet sich, blickt in sich als in einen Abgrund, erfährt sich als seiner selbst entfremdet. Aus dieser Entfremdung aber erreicht es erneut der Ruf zur Heimkehr; dazu, wieder ›eigentlich‹, wieder Selbst zu werden und seine wahre Bestimmung zu finden. Diese Bestimmung soll nun aber darin liegen, dass es eben nicht mehr im theoretischen Reflektieren oder psychologischen Nachsinnen über sich selbst verharrt, sondern aus dieser Ich-Befangenheit heraustritt und im praktischen Lebensvollzug zu sich selbst findet, sich selbst bewahrheitet.

Die – freilich immer riskante – Selbstvergewisserung als ›Existenz‹ wird in diesem Stadium also gegen das unsicher und hinfällig gewordene Ich ins Spiel gebracht. Ein solcher Denker der Existenz ist zum Beispiel der dänische Religionsphilosoph Søren Kierkegaard (1813–1855), dessen Tagebuchaufzeichnungen Kafka in einer 1905 erschienenen Auswahl mit dem Titel *Buch des Richters* las. Auf eine solche *Literatur der Existenz* bezieht Kurz auch den bereits zitierten (vgl. S. 7 dieses Bands) Vers des norwegischen Dramatikers Henrik

Ibsen: »Leben heißt – dunkler Gestalten / Spuk bekämpfen in sich. / Dichten – Gerichtstag halten / Über sein eigenes Ich«. Und dieser Literatur der Existenz, der unablässig-eindringlichen Selbstprüfung des Ichs, schreibt Kurz ebenfalls die Texte Kafkas zu. Sein Schreiben ist ein ständiger Gerichtstag, eben ein fortgesetzter Prozess gegen das Ich auch da, wo Kafkas Texte nicht den Titel *Der Proceß* tragen.

In dieser existenziellen Haltung sehen Kurz und andere Literaturwissenschaftler denn auch die Beziehung der Kafka'schen Texte und des *Proceß*-Romans zum Expressionismus. Der Expressionismus, eine um 1910 einsetzende künstlerische Bewegung, lässt sich als die Kunst der ausdrucksstarken Vereinfachung definieren. »Er war nicht darauf ausgerichtet, die vertraute Wirklichkeit abzuschildern, sondern sie zu zertrümmern, um die hinter ihr liegenden Kräfte [...] sichtbar zu machen.« (Robertson, S. 38 f.)

Dies Fremdwerden des scheinbar Vertrauten, Alltäglichen – sei es dadurch, dass die Welt zunehmend in zusammenhanglose, sinnblinde Details auseinanderfällt, sei es dadurch, dass, wie im »Prügler«-Kapitel, sich hinter der völlig harmlos anmutenden Tür zu einem Abstellraum plötzlich eine grauenvolle Szenerie eröffnet, deren Schrecken den Menschen mit raubtierhafter Plötzlichkeit anspringt – ist gewiss ein Grundzug des *Proceß*-Romans; er stellt das Werden einer ganzen *Welt* der Verunsicherung und damit der Depersonalisierung des Subjekts, des Zerfalls der Persönlichkeit selbst dar.

Aber auch das gegenläufige Thema der Wandlung und des Durchbruchs zu einem neuen Menschen, das »Mensch werde wesentlich«, wie es der expressionistische Dichter Ernst Stadler (1883–1914) in einem Gedicht im Rückgriff auf Angelus Silesius, einen der Mystik nahestehenden Dichter des 17. Jahrhunderts, formulierte, verbindet zumindest das »Dom«-Kapitel mit diesem Epochenumfeld des Expressionismus.

Ernst Stadler: Der Spruch

In einem alten Buche
stieß ich auf ein Wort,
Das traf mich wie ein Schlag
und brennt durch meine Tage fort:
Und wenn ich mich
an trübe Lust vergebe,
Schein, Lug und Spiel zu mir
anstatt des Wesens hebe,
Wenn ich gefällig mich
mit raschem Sinn belüge,
Als wäre Dunkles klar, als wenn nicht Leben
tausend wild verschlossne Tore trüge,
Und Worte wiederspreche,
deren Weite nie ich ausgefühlt,
Und Dinge fasse,
deren Sein mich niemals aufgewühlt,
Wenn mich willkommner Traum
mit Sammethänden streicht,
Und Tag und Wirklichkeit
von mir entweicht,
Der Welt entfremdet,
fremd dem tiefsten Ich,
Dann steht das Wort mir auf:
Mensch, werde wesentlich!

Ernst Stadler, Gedichte. Leipzig: Verlag der weißen Bücher 1914, S. 12

Schließlich ist es ein genuines Anliegen des Expressionismus, in der Überwindung des ›alten‹ Menschen der bürgerlichen Welt den Geist eines neuen Menschentums und einer alle Klassen und Nationen umfassenden Brüderlichkeit zu erwecken; solche »Erweckung des Herzens« fungiert in einer der berühmtesten Lyrikanthologien des Expressionismus, der von Kurt Pinthus (1886–1975) herausgegebenen Sammlung *Menschheitsdämmerung* (1919), als Überschrift einer ganzen Reihe von Gedichten.

Indes muss man, wie schon oben geschehen, auch hier wieder feststellen: Zu jener »Erweckung des Herzens« kommt es in Kafkas Roman eben nicht. Der Durchbruch zum ›Neuen Menschen‹ findet nicht statt. Der Rückbezug des *Proceß*-Romans auf das Epochenumfeld des literarischen Expressionismus zeigt, dass auch hier die inhaltlichen Unterschiede größer sind als die Gemeinsamkeiten.

Ließe sich dann wenigstens von *Stil und Sprache des Erzählens* her eine solche Zuordnung begründen? Ein wichtiger Stilzug des literarischen Expressionismus ist das Groteske, das »Umschlagen [...] des Lächerlichen ins Entsetzliche« (von Wilpert, S. 321) beziehungsweise die »ästhetische Gestaltungsform und literarische Schreibweise, die Komisches mit Grauenerregendem mischt mit dem Ziel der Wahrnehmungs-Irritation« (MLL, S. 296 f.).

Verdeckte Komik findet sich im Roman wohl an vielen Stellen. Wenn zum Beispiel in dem Kapitel »Der Onkel – Leni« der Onkel in der Absicht zur Tür springt, die angeblich dahinter lauschende Leni zu ertappen, dann aber, da in Wahrheit hinter der Tür niemand horcht, zurückkehrt und sich zwar »nicht enttäuscht« zeigt, »denn ihr Nichthorchen erschien ihm als eine noch größere Bosheit, wohl aber verbittert« (S. 105), dann lässt diese Reaktion ein Licht der Figurenkomik auf den Starrsinn eines beschränkten Charakters fallen.

Auch der Fragment gebliebene »Kampf mit dem Direktor-Stellvertreter« (S. 257–261) bietet Komik reinsten Wassers: Der gefürchtete Konkurrent beschäftigt sich nicht mit K.s neuen Geschäftsideen, sondern pokelt konzentriert an einer nied-

Szenenbild aus Andreas Kriegenburgs Inszenierung von Kafkas »Proceß« an den Münchner Kammerspielen aus dem Jahre 2008.

rigen geschnitzten Balustrade herum, die K.s Schreibtisch umläuft, und zerlegt sie schließlich, indem er sich mit seinem ganzen Gewicht auf dieses Zierwerk setzt (vgl. S. 259–261) – ein slapstickreifer Miniaturkampf mit der ›Tücke des Objekts‹.

Aber das Grauenerregende oder Entsetzliche knüpft sich in Kafkas Roman nicht unmittelbar an das Komische und »mischt« sich insofern nicht im Sinn der Definition des Grotesken mit ihm, sondern tritt isoliert hervor wie im »Prügler«-Kapitel oder wie in der allerdings grauenvollen Verlassenheit Josef K.s in der Schlussszene im Steinbruch selbst.

Ganz fehlt überdies in Kafkas Roman ein zweiter, für den Expressionismus ebenfalls wichtiger, dem Grotesken allerdings völlig entgegengesetzter Stilzug: das Pathetische. Kein Text könnte bei aller Komik im Einzelnen und Verzweiflung im Ganzen zugleich kälter sein als dieser. Mag der *Proceß* in weit gefasstem Sinn ein Roman des Expressionismus sein – ein expressionistischer Roman ist er deshalb nicht. So bleibt die Feststellung der Inkommensurabilität (Unvergleichlichkeit) eines Buchs, die zugleich die eines ganzen Werks ist. Vielleicht am berührendsten von allen Zeitgenossen hat diesen Grundzug Kafkas Briefpartnerin Milena Jesenská in Worte gefasst, als sie unter dem Eindruck der Nachricht seines Todes in einem am 6. Juni 1924 erschienenen Nachruf schrieb:

> Er schrieb Bücher, die zum Bedeutendsten der jungen deutschen Literatur gehören; in ihnen ist der Kampf der heutigen Generation enthalten, jedoch ohne tendenziöse Worte. Sie sind so wahrhaft, nackt und schmerzlich, daß sie selbst dort, wo etwas symbolisch ausgedrückt wird, naturalistisch wirken. Sie sind voller trockenen Spotts und empfindsamen Erstaunens eines Menschen, der die Welt so klar gesehen hat, daß er das nicht ertrug und sterben mußte, denn er wollte nicht zurückweichen und sich wie andere in irgendwelche, wenn auch subjektiv ehrliche, unterbewußte intellektuelle Irrtümer retten. [...] Der letzte Roman »Vor dem Gericht« liegt im Manuskript vor, schon jahrelang zum Druck vorbereitet. Er gehört zu den Büchern, die nach der Lektüre den Eindruck einer total erfaßten Welt hinterlassen, so daß man kein einziges Wort hinzuzufügen braucht.

VI Rezeption

Kafkas Wirkungsgeschichte ist die Geschichte des von ihm erträumten Ruhms (vgl. S. 14 dieses Bands). Ihre erste Phase umfasst die Zeit von der ersten Buchveröffentlichung 1912 bis zu seinem Todesjahr 1924 und findet in den Nachrufen, die nach Kafkas Tod erschienen und auf der schmalen Basis des bisher Bekannten eine erste Gesamtwürdigung unternahmen, ihren Abschluss. Die zweite Phase steht im Zeichen der Veröffentlichungen der Werke Kafkas, die Max Brod aus dessen hinterlassenen Manuskripten edierte (zunächst: *Gesammelte Schriften*, 1936–1937). Sie wurde zwischen 1938 und 1945 durch die Besetzung der Tschechoslowakei und den Zweiten Weltkrieg unterbrochen und fand in den Fünfzigerjahren mit der wiederum von Max Brod herausgegebenen Ausgabe der *Gesammelten Werke* (1950–1958) einen vorläufigen Abschluss. Die Fünfzigerjahre markieren zugleich den Beginn der dritten, bis heute anhaltenden Phase: der der weltweiten Wirkung Kafkas, die ihren Niederschlag in einer Unzahl von Übersetzungen, wissenschaftlichen Veröffentlichungen sowie zuletzt zwei kritischen Gesamtausgaben (*Schriften. Tagebücher. Briefe*, 1982 ff., und *Historisch-Kritische Ausgabe sämtlicher Handschriften, Drucke und Typoskripte*, 1997 ff.) gefunden hat.

Schlaglichtartig illustriert diese weltweite Wirkung die Geschichte des Begriffs »kafkaesk«. Bereits vor 1940 im Englischen (»kafkaesque«) nachweisbar, bürgerte er sich schnell in vielen Sprachen als Bezeichnung für »Sachverhalte und Vorkommnisse der wirklichen Welt« (KHB II, S. 882) ein, die durch Angst, Unsicherheit, Entfremdung, Grauen, Düsternis, Schuld, Ausweg- und Sinnlosigkeit geprägt sind (vgl. ebenda, S. 883). Der Begriff gehört seit 1973 – seit er in die damalige 17. Auflage des Duden-Wörterbuchs Eingang fand – gleichsam auch zum ›offiziellen‹ Wortschatz der deutschen Sprache.

Für die weltweite Wirkung des *Proceß*-Romans ist seine Umsetzung in die verschiedensten Medien und Künste kennzeichnend. Er wurde zum Gegenstand bildkünstlerischer Illustrationen, für das Sprechtheater bearbeitet, als Oper vertont und verfilmt. Die Geschichte der Bühnenfassungen des *Proceß* beginnt mit der Adaption des französischen Schriftstellers André Gide (1869–1951), die der Schauspieler und Regisseur Jean-Louis Barrault (1910–1994) 1947 in Paris inszenierte (*Le Procès. Pièce tirée du roman de Kafka*; vgl. auch S. 59 dieses Bands). Die intensive Erfahrung der Ohnmacht und Verlorenheit des Einzelnen, die die Kriegsjahre mit sich gebracht hatten, und das in den Nachkriegsjahren verbreitete Gefühl der Absurdität des Daseins führten zu dieser Zeit zu einer identifikatorischen Lesart des Romans. Alle Menschen erschienen tendenziell als »Brüder Josef K.s«, wie es in einer Tagebucheintragung von Gide vom 28. August 1940 heißt.

Gides Bühnenversion war bereits 1948 am Göteborger Stadttheater (Schweden) zu sehen und wurde 1950 im Winter Garden Theatre in London *(The Trial. A Play)*, 1955 in New York, 1963 in Haifa (Israel), 1964 in Helsingborg (Dänemark), 1965 in Oslo und 1968 sowie 1974 in Tokio gespielt. Weitere Theaterfassungen hatten 1950 in New York (*The Scapegoat*, bearbeitet von John F. Matthews und inszeniert von Erwin Piscator), 1961 in Dublin (Cyril Cusak: *The Temptation of Mr. O. Play based on Kafka's »The Trial«*), 1966 in Prag (Jan Grossman: *Der Prozeß. Das Protokoll über einen Mann, der wie ein Hund gestorben ist*; diese Version wurde 1968 auch am Deutschen Schauspielhaus Hamburg inszeniert), 1968 in Tokio, 1973 in Krakau und bei den Wiener Festwochen, ebenfalls 1973 in London (*The Trial*, bearbeitet von Steven Berkoff; diese Fassung war 1976 auch am Düsseldorfer Schauspielhaus zu sehen) und 1974 an der University of Connecticut (eine zweisprachige Inszenierung von Herbert Lederer) Premiere.

Hinzu kommen Hörspielfassungen wie das 1950 für die britische BBC von Walter P. Rilla eingerichtete Hörspiel *The Trial* oder das 1951 im NDR gesendete Hörspiel, das auf der Fassung Gides basierte (Angaben nach KHB II, S. 835 f.).

Auch zahlreiche andere deutsche Bühnen führten Gides Bearbeitung auf; theatergeschichtlich wichtig war dabei vor allem die Inszenierung von Gustaf Gründgens und Ulrich Erfurt von 1950 an den Städtischen Bühnen Düsseldorf.

1974 unternahm nach André Gide zum zweiten Mal ein bekannter Schriftsteller den Versuch, Kafkas *Proceß* für die Bühne zu bearbeiten. Die Fassung von Peter Weiss (1916–1982) entstand auf Anregung des Filmregisseurs Ingmar Bergman und unter dem Vorsatz, sich »so nah wie möglich an den Originaltext zu halten« (»Vorbemerkung zur Dramatisierung des Buchs *Der Prozess* von Kafka«, in: Peter Weiss: *Werke in sechs Bänden*. Sechster Band: Dramen 3, Frankfurt am Main: Suhrkamp Verlag 1991, S. 264–267; daraus auch die folgenden Zitate). Gleichwohl setzte Weiss eigene Akzente. Er bemühte sich um die konkrete historische Verortung des Geschehens, das er zwischen dem 3. Juli 1913 und dem 2. Juli 1914, also am Vorabend des Ersten Weltkriegs und etwa zur Entstehungszeit des Romans, ablaufen ließ. Zudem war Weiss »beim Wiederlesen des Buches« aufgefallen, »daß die Kräfte, die K hinabziehen und schließlich zerstören, insgesamt die Kräfte der Kleinbürgerlichkeit« seien. Weiss verwirft die von Max Brod aufgebrachte Deutungslinie, K.s »Zustand der Schuld« sei Ausdruck einer »religiösen Problematik«. K.s Leiden seien im Gegenteil »durchgehend sozialer Natur«, was der Protagonist auch deutlich erkenne, ohne jedoch die Kraft aufzubringen, gegen die »alte Gesellschaftsordnung« aufzubegehren. Darin liege seine Schuld. Er verharre »zwischen den Zerrspiegeln seiner Ordnung, die er für unabänderlich hält. An dieser seiner eigenen Schwäche zerbricht er.«

Aus dieser Bewertung, die der marxistischen Weltanschauung des Autors entspricht, ergibt sich eine durchgängige Tendenz zur Vereindeutigung der in Kafkas Roman angelegten Ambivalenzen, was als »Verlust von Sinnkomplexität« (Beise, S. 143) kritisiert worden ist. Das Stück wurde im Mai 1975 zeitgleich in Bremen und Krefeld uraufgeführt und war 1976 auch in Stockholm zu sehen.

Fünf Jahre später unternahm Weiss noch einen zweiten Anlauf, sich produktiv mit Kafkas Roman auseinanderzusetzen. So entstand sein letztes Drama, das »Franz Kafka gewidmet[e]« »Stück in drei Akten« *Der neue Prozeß*, das im März 1982 in Stockholm Premiere hatte (vgl. *Werke in sechs Bänden*, Dramen 3, S. 337–407). Die Handlung schildert »Aufstieg und Fall des Josef K« (Beise, S. 146) in einem multinational agierenden Konzern. K., ein argloser Idealist, steigt bis zum Direktor des Unternehmens auf; er lebt dabei immer im Glauben, das Wohl der Menschen fördern zu können. Zu spät erkennt er, dass er in Wirklichkeit unfreiwillig als »Agent der herrschenden Macht« fungiert. In seiner Position als Direktor dient er lediglich »als moralisches Aushängeschild [...] und wird ansonsten von den wirklichen Vorgängen weitgehend abgeschirmt, bis man ihn schließlich beseitigt« (Beise, S. 147). Die Fabel des Stücks weist demnach nur noch lose Beziehungen zur Handlung des *Proceß*-Romans auf.

Ungleich mehr Menschen als alle Theaterstücke erreichen Kinoproduktionen. So ist der Kinofilm, den der US-amerikanische Filmregisseur, Schauspieler und Autor Orson Welles (1915–1985) nach Kafkas *Proceß* drehte (*Le Procés*, Deutschland/Italien/Frankreich 1962, 118 Minuten), die bis heute weitaus wirkungsmächtigste und in der Forschung auch am intensivsten diskutierte Adaption des Romans (vgl. auch die Abbildungen auf den Seiten 37 und 73 dieses Bands).

Orson Welles, der zusammen mit Antoine Tudal auch das Drehbuch verfasste und selbst die Rolle des Advokaten übernahm, aktualisierte die Geschichte, denn er war der Auffassung, »Josef K. [...] gehört unbedingt in unsere Zeit« (zitiert nach KHB II, S. 826). An die Stelle der Mietskasernen in Kafkas Roman treten öde Betonwohnblocks, die Arbeitswelt beherrschen geometrisch kalt abgezirkelte Großraumbüros, in denen Hunderte von Stenotypistinnen an ratternden Schreibmaschinen sitzen. Die Kameraperspektive und das Spiel mit – gemessen an der Normalerfahrung – deformierten Proportionen in Achitektur und Inneneinrichtung sorgen für »eine eigenartig verzerrte Wahrnehmung«, für »den Eindruck einer leichten Paranoia«, die die »innere Befindlichkeit der Figur des ›K.‹ « spiegelt, den Anthony Perkins »als gehetzten, nervösen, leicht hysterischen Charakter« spielt (Kino nach Kafka, S. 155). Anders als im Roman kämpft K. im Film unablässig und hektisch gegen den Vorwurf der Schuld an und versucht sich am Ende auch gegen seine Hinrichtung zur Wehr zu setzen, die, anonymer als im Roman, durch eine Ladung Dynamit erfolgt. »Kafka wouldn't have put that [the ending] after the death of six million Jews«, begründete Welles diese Änderung (zitiert nach Kino nach Kafka, S. 154). Die traumatisierende Erfahrung der nationalsozialistischen Vernichtungspolitik findet auch Eingang in den Alltag des Gerichtswesens, wenn in den endlosen Korridoren der Gerichtskanzleien Schlangen von wartenden Angeklagten gezeigt werden, »die wie Häftlinge in den Konzentrationslagern der Nationalsozialisten Schilder mit Registriernummern um den Hals tragen« (KHB II, S. 826). In der Sicht von Welles besteht K.s Schuld darin, dass er keinen Versuch unternimmt, sich gegen ein unmenschliches System aufzulehnen. In dieser politischen Deutung der Fabel von Kafkas Roman berührt sich der Film mit der Theateradaption von Peter Weiss.

Viel enger an Kafkas Roman als Orson Welles hielt sich der englische Dramatiker Harold Pinter (1930–2008) in dem Drehbuch, das er für seinen Landsmann, den Regisseur David Jones (1934–2008), verfasste. Dessen Verfilmung des *Proceß*-Romans kam 1993 – mit Anthony Hopkins in der Rolle des Gefängniskaplans – in die Kinos (*The Trial*, 118 Minuten, vgl. die Abbildung auf S. 95 dieses Bands). Auch bei Jones geht es, wie schon bei Welles, um »sexuelle[] Frustration und soziale[] Entmündigung« (Kino nach Kafka, S. 157). Jedoch ist der Vorsatz spürbar, in erster Linie die von Kafka erzählte Handlung und nicht zugleich auch eine ganze Bandbreite von möglichen Bedeutungsebenen zu inszenieren. Das lässt den Film in den Augen der einen etwas plan erscheinen, während andere Kritiker diese Zurückhaltung als Befreiung von Deutungsballast begrüßen, die erst wieder einen unvoreingenommenen Blick auf die ungeheuerliche Geschichte, die Kafka erzählt, ermögliche.

Erwähnenswert ist noch der Film *Kafka* (Frankreich/USA 1991, 98 Minuten) des US-amerikanischen Regisseurs Steven Soderbergh (geb. 1963). Er hält Kafkas Werke als Drehbuchvorlagen für wenig geeignet und entschied sich daher für einen eigenständigen Plot (Drehbuch: Lem Dobbs), der Kafka zur Hauptfigur macht und ihn mit Themen und Motiven aus seinen Texten konfrontiert. So entstand ein mit Inszenierungstechniken des Expressionismus spielender »Thriller mit Kriminal- und Horrorfilm-Elementen« (Kino nach Kafka, S. 161), der vielfach als gelungenes Experiment bezeichnet worden ist (vgl. auch die Abbildung auf S. 103 dieses Bands).

Auswahlbibliographie

Ausgaben

FRANZ KAFKA: Der Proceß. Textausgabe mit Materialien, erarbeitet von UWE STAMER. Braunschweig: Schroedel Verlag 2009 (Texte. Medien).

Nach dieser Ausgabe wird der Text des Romans zitiert. Zitate aus den Materialien werden mit dem Kürzel PM nachgewiesen.

FRANZ KAFKA: Gesammelte Werke in zwölf Bänden. Nach der Kritischen Ausgabe hrsg. von HANS-GERD KOCH. Frankfurt/M.: Fischer Taschenbuch Verlag 1994 (zitiert als: GW/Bandzahl; bei den Tagebüchern: T 1909–1912; T 1912–1914; T 1914–1923).

Biographische Darstellungen

ARENS, DETLEV: Franz Kafka. München: Deutscher Taschenbuch Verlag 2001.

BINDER, HARTMUT: Kafkas Welt. Eine Lebenschronik in Bildern. Reinbek: Rowohlt Verlag 2008.

WAGENBACH, KLAUS: Franz Kafka. Bilder aus seinem Leben. Neuausgabe. Berlin: Verlag Klaus Wagenbach 2008.

Handbücher, Gesamt- und Überblicksdarstellungen

BEISSNER, FRIEDRICH: Der Erzähler Franz Kafka (1952). In: FRIEDRICH BEISSNER: Der Erzähler Franz Kafka und andere Vorträge. Herausgegeben von WERNER KELLER. Frankfurt/M.: Suhrkamp Taschenbuch Verlag 1983, S. 19–54 (zitiert als: Beißner).

BINDER, HARTMUT (Hrsg.): Kafka-Handbuch in zwei Bänden. Band 1: Der Mensch und seine Zeit. Band 2: Das Werk und seine Wirkung. Stuttgart: Alfred Kröner Verlag 1979 (zitiert als: KHB I und II).

JAHRAUS, OLIVER UND BETTINA VON JAGOW (Hrsg.): Kafka-Handbuch. Leben – Werk – Wirkung. Göttingen: Verlag Vandenhoeck & Ruprecht 2008 (Lizenzausgabe für die Wissenschaftliche Buchgesellschaft Darmstadt).

KAUL, SUSANNE: Einführung in das Werk Franz Kafkas. Darmstadt: Wissenschaftliche Buchgesellschaft 2010.

KURZ, GERHARD: Traum-Schrecken. Kafkas literarische Existenzanalyse. Stuttgart: Verlag J. B. Metzler 1980 (zitiert als: Kurz).

LIEBRAND, CLAUDIA (Hrsg.): Franz Kafka. Neue Wege der Forschung. Darmstadt: Wissenschaftliche Buchgesellschaft 2006.

ROBERTSON, RITCHIE: Franz Kafka. Leben und Schreiben. Übersetzt von Josef Billen. Darmstadt: Wissenschaftliche Buchgesellschaft 2009 (zitiert als: Robertson).

Ausgewählte Forschung zu »Der Proceß«

BEICKEN, PETER: Franz Kafka, Der Proceß: Interpretation. 2., überarbeitete Auflage. München: Oldenbourg Verlag 1999.

BEISE, ARND: Kafka-Stücke. In: ARND BEISE: Peter Weiss. Stuttgart: Reclam Verlag 2002 (RUB 17633), S. 140–148 (zit. als: Beise).

BINDER, HARTMUT: Kafka-Kommentar zu den Romanen, Rezensionen, Aphorismen und zum Brief an den Vater. 2. Auflage. München: Winkler Verlag 1976.

BOGDAL, KLAUS MICHAEL: Neue Literaturtheorien in der Praxis. Textanalysen von Kafkas »Vor dem Gesetz«. 2. Auflage. Göttingen: Verlag Vandenhoeck & Ruprecht 2005.

ESCHWEILER, CHRISTIAN: Franz Kafka und sein Roman-Fragment »Der Prozess«. Neu geordnet, ergänzt, erläutert. Weilerswist: Verlag Landpresse 2005 (zitiert als: Eschweiler).

FROMM, WALDEMAR und CHRISTINA SCHERER: Kino nach Kafka – Zu Verfilmungen von Franz Kafkas Romanen nach 1960. In: LOTHAR BLUHM und CHRISTINE SCHMITT (Hrsg.): Kopf-Kino. Gegenwartsliteratur und Medien. Trier: Wissenschaftlicher Verlag Trier 2006, S. 144–165 (zitiert als: Kino nach Kafka).

LIEBRAND, CLAUDIA: Theater im Proceß. Dramaturgisches zu Kafkas Romanfragment. In: Germanisch-Romanische Monatsschrift 48 (1998), S. 201–217 (zitiert als: Liebrand 1998).

Müller, Klaus-Detlef: Franz Kafka: Romane. Berlin: Erich Schmidt Verlag 2007, S. 61–100.
Müller, Michael: Erläuterungen und Dokumente. Franz Kafka: Der Proceß. Stuttgart: Reclam Verlag 1993 und öfter (RUB 8197).
Pasley, Malcolm: Franz Kafka. Der Proceß. Die Handschrift redet. Marbach am Neckar: Deutsche Schillergesellschaft 1990.
Robertson, Ritchie: Der Proceß. In: Michael Müller (Hrsg.): Interpretationen. Franz Kafka. Romane und Erzählungen. Stuttgart: Reclam Verlag 2003, S. 98–145 (RUB 17521).
Wagner, Benno: Franz Kafka. In: Anne Bohnenkamp (Hrsg.): Interpretationen Literaturverfilmungen. Stuttgart: Reclam Verlag 2005, S. 145–157 (RUB 17527).
Zimmermann, Hans Dieter: Franz Kafka: Der Proceß. Grundlagen und Gedanken zum Verstädnis erzählender Literatur. Frankfurt / M.: Verlag Moritz Diesterweg 1995.
Zimmermann, Hans Dieter (Hrsg.): Nach erneuter Lektüre. Franz Kafkas »Der Proceß«. Würzburg: Verlag Königshausen & Neumann 1992.

Nachschlagewerke

Bornemann, Ernest: Sex im Volksmund. Der obszöne Sprachschatz der Deutschen. Neuausgabe. Reinbek bei Hamburg: Rowohlt Verlag 1991 (ohne Paginierung; zitiert als: Bornemann).
Duden. Band 5: Fremdwörterbuch. 6. Auflage. Mannheim, Wien, Zürich: Dudenverlag 1997.
Metzler Lexikon Literatur. Völlig neu bearbeitete 3. Auflage. Stuttgart und Weimar: Verlag J. B. Metzler 2007 (zitiert als: MLL).
Wilpert, Gero von: Sachwörterbuch der Literatur. 8., verbesserte und erweiterte Auflage. Stuttgart: Alfred Kröner Verlag 2001 (zitiert als: von Wilpert).

Über den Autor

Geboren 1955 in Düsseldorf. Studium der Germanistik und Philosophie in Freiburg/Br. und Heidelberg. 1. Staatsexamen 1978, 2. Staatsexamen 1980. Promotion 1986 mit einer Arbeit über *Knigges Aufklärung über den Umgang mit Menschen.*
1988 Heinz-Maier-Leibnitz-Preis für Praktische Philosophie, 1998 Habilitation über das Thema *Synkretismus und Epochenschwelle. Stationen einer Modellgeschichte zwischen Antike und Klassischer Moderne.* Seit 2002 Lehrstuhlinhaber für Neuere deutsche Literaturwissenschaft an der Katholischen Universität Eichstätt-Ingolstadt. Arbeiten zur deutschen Literaturgeschichte seit der Barockzeit sowie zur Religions-, Kultur- und Intellektuellengeschichte des 19. und 20. Jahrhunderts.

Bildquellenverzeichnis

Titelbild: Szenenbild mit Ensemble aus Andreas Kriegenburgs Inszenierung von Franz Kafkas Roman »Der Proceß« an den Münchner Kammerspielen aus dem Jahre 2008.
Foto: © Arno Declair, Hamburg
S. 11 und 63: © ullstein bild – Granger Collection
S. 19: © ullstein bild – imagno
S. 31: © Deutsches Literaturarchiv Marbach (DLA)
S. 37: © Cinetext Bildarchiv
S. 53 und 115: © Arno Declair, Hamburg
S. 59: © ullstein bild – Roger Viollet
S. 73 und 109: © ullstein bild
S. 81: © INTERFOTO/Friedrich
S. 95: © ullstein bild – united archives
S. 103: © ullstein bild – Röhnert

Textquellenverzeichnis

S. 15 f.: Gustave Flaubert: Brief an Louise Colet vom 16. September 1853. Zitiert nach: Französische Poetiken. 2 Teile. Teil II: Texte zur Dichtungstheorie von Victor Hugo bis Paul Valéry. Herausgegeben von Frank-Rutger Hausmann, Elisabeth Gräfin Mandelsloh und Hans Staub. Stuttgart: Reclam Verlag 1978, S. 148 f.

S. 24: Alfred Weber: Der Beamte (1910). In: Alfred Weber Gesamtausgabe. Band 8: Schriften zur Kultur- und Geschichtssoziologie (1906–1958), herausgegeben von Richard Bräu. Marburg: Metropolis-Verlag 2000, S. 98 f.

S. 33: Brief Franz Kafkas an Max Brod, um den 20. November 1917, zitiert nach: Michael Müller: Erläuterungen und Dokumente. Franz Kafka: Der Proceß. Stuttgart: Reclam Verlag 1996.

S. 34: Tagebucheinträge Franz Kafkas vom 30. November und vom 2. Dezember 1914. In: Franz Kafka: Gesammelte Werke in zwölf Bänden. Nach der Kritischen Ausgabe herausgegeben von Hans-Gerd Koch. Band 11: Tagebücher 1914–1923. Frankfurt am Main: Fischer Taschenbuch Verlag 1994, S. 59 und 60.

S. 56: Alessandra Haupt: Carl Sternheim – Bürgerkritik und Heldenthematik in seinen Lustspielen. Magisterarbeit an der Katholischen Universität Eichstätt-Ingolstadt, 2009, S. 31.

S. 85: Friedrich Nietzsche: Jenseits von Gut und Böse. Vorspiel einer Philosophie der Zukunft (1886). In: Friedrich Nietzsche: Sämtliche Werke. Kritische Studienausgabe in fünfzehn Bänden. Herausgegeben von Giorgi Colli und Mazzino Montinari. Band 5: Jenseits von Gut und Böse. Zur Genealogie der Moral. Berlin und New York: Verlag Walter de Gruyter 1980, S. 227 f.

S. 116: Aus einem Nachruf von Milena Jesenská auf Franz Kafka, erschienen in der Tageszeitung »Národní listy« am 6. Juni 1924; zitiert nach: Dorotha Rein (Hrsg.): Milena Jesenská: Alles ist Leben. Feuilletons und Reportagen 1919–1939. Frankfurt/M.: Verlag Neue Kritik 1984, S. 56.

Bereits erschienen:

Friedrich Schiller: *Maria Stuart* (47700)
Johann Wolfgang von Goethe: *Die Leiden des jungen Werther* (47701)
Bertolt Brecht: *Leben des Galilei* (47702)
Friedrich Schiller: *Don Karlos* (47704)
Heinrich von Kleist: *Michael Kohlhaas* (47705)
Friedrich Dürrenmatt: *Der Besuch der alten Dame* (47706)
Theodor Fontane: *Effi Briest* (47707)
Georg Büchner: *Woyzeck* (47708)
Heinrich von Kleist: *Das Erdbeben in Chili* (47709)
Arthur Schnitzler: *Leutnant Gustl* (47710)
Arthur Schnitzler: *Traumnovelle* (47711)
Friedrich Dürrenmatt: *Die Physiker* (47712)
Heinrich von Kleist: *Prinz Friedrich von Homburg* (47713)
Wolfgang Koeppen: *Tauben im Gras* (47714)

Folgende weitere Bände der Reihe »Schroedel Interpretationen« erscheinen u. a. in 2010/2011:

Johann Wolfgang von Goethe: *Iphigenie auf Tauris* (47715)
Thomas Mann: *Buddenbrooks* (47716)
Thomas Mann: *Mario und der Zauberer* (47717)
Max Frisch: *Homo faber* (47718)
Georg Büchner: *Danton's Tod* (47719)
Peter Stamm: *Agnes* (47720)
Johann Wolfgang von Goethe: *Faust I* (47721)
Theodor Fontane: *Irrungen Wirrungen* (47722)
Friedrich Schiller: *Kabale und Liebe* (47723)

Inhaltsverzeichnisse und **Musterseiten** finden Sie unter:
http://www.schroedel.de/Interpretationen

Ebenfalls bei Schroedel: Die Reihe Texte • **Medien**
(Textausgaben mit Materialien)

Weitere Informationen finden Sie unter:
http://www.schroedel.de/textemedien